Liebe Leserin, lieber Leser,

ich freue mich, Ihnen wieder eine INFO-VERO-Ausgabe mit vielen interessanten Themen vorlegen zu dürfen. Wer die Entwicklungen in der Welt beobachtet, spürt, dass die Gesellschaft immer zerrissener wird. Die Weltanschauungen in Politik, Religion und Gesellschaft klaffen immer weiter auseinander. Und jede Fraktion versucht, dem Rest der Bevölkerung ihre Meinung und Agenda aufzudrücken. Selbst die „freie Presse" ist nicht wirklich frei, sondern fühlt sich offensichtlich verpflichtet, einer bestimmten vorgegebenen Richtung zu folgen.

Wir sind deshalb froh, dass wir uns bei INFO VERO von all diesen Vorgaben frei machen können und nur einer einzigen Agenda folgen: die Wahrheit zu vertreten, die oft erst „ausgebuddelt" werden muss, und Menschen auf der Suche nach dieser einzigen Wahrheit Hilfestellung zu leisten. Denn jeder denkende Mensch muss zu dem Schluss kommen, dass Wahrheit absolut und einzigartig ist. Es kann nicht zwei, drei oder noch mehr sich widersprechende Wahrheiten geben, wie die Postmoderne es vertritt. Es gibt zwar viele Meinungen und Vorstellungen, aber die auf Fakten basierende Wahrheit kann nur singulär und „unique" sein.

In dieser Ausgabe geht es beispielsweise wieder einmal um die vergangene Geschichte unserer Welt. Die Welt kann nicht gleichzeitig Milliarden Jahre alt sein, wie es die Evolutionisten behaupten, und gleichzeitig vor einigen tausend Jahren von dem Schöpfergott erschaffen worden sind, wovon bibelgläubige Menschen überzeugt sind. Da stellt sich die Frage, welche echten Fakten man vorweisen kann, um die verschiedenen Thesen zu stützen. Unser Artikel über die Eiszeit gibt entscheidende Hinweise über die Glaubwürdigkeit des kreationistischen Eiszeit-Modells.

Und unser Artikel über die letzte Nacht von Babylon zeigt spannende, von Historikern bestätigte Fakten über die Erfüllung einer biblischen Prophezeiung auf, für die es keine menschlichen Erklärungen gibt.

Auch der Artikel über dunkle Mächte, mit denen bereits unsere Kinder durch Schule und Medien konfrontiert werden,

zeigt auf, wie fundamental wichtig die Frage nach der „Wahrheit" ist. Sie entscheidet darüber, ob jemand in die Fänge der bösen Mächte der Unterwelt gerät. Es ist deshalb notwendig, sich darüber zu informieren, welche destruktiven Folgen und Abhängigkeiten die Beschäftigung mit okkulten Inhalten für Kinder hat.

Apropos Abhängigkeit. Unser Artikel „Kaffee Ade" gibt hilfreiche Tipps, wie man die Entzugssymptome einer Koffein-Entwöhnung gut übersteht. Viele Leser haben bereits mit Spannung auf diese vorangekündigte Hilfestellung gewartet, denn der in der letzten Ausgabe von INFO VERO erschienene Artikel über die Schädlichkeit von Koffein hatte viele Leser animiert, mit dieser gesundheitsschädlichen Gewohnheit zu brechen.

Auch der Humor kommt dieses Mal nicht zu kurz. Amüsieren Sie sich über die lustigen Blütenformen, die in dem Artikel über die faszinierende Welt der Blumen zu bewundern sind.

Ich wünsche Ihnen eine gesegnete Lektüre und viele augenöffnende Erkenntnisse,

Ihre

Gabriele Pietruska

Adventgemeinde Burgstetten
Mozartstraße 8
71576 Burgstall-Burgstetten

info@adventgemeinde-burgstetten.de
Telefon: 0178-3352482

Inhalt

Foto: Shutterstock_Lakeview Images

Foto: Shutterstock_ Evgeny Atamanenko

Foto: Shutterstock_ Irina Kozorog

68 Faszinierende Welt der lustigen Blumen

Wer sich mit der Natur beschäftigt, ist immer wieder fasziniert über die Schönheit und allgemeine Funktionalität aller Lebewesen und natürlichen Gegebenheiten. Auch die Welt der Blumen begeistert jeden Menschen. Ein ganz besonderer Aspekt sind jedoch bestimmte Blumenarten, bei denen die Blüte wie eine tierische oder menschliche Figur aussieht.

Foto: wikipedia

80 Kaffee Ade – Hilfestellungen zur Überwindung der Koffeinsucht

Trotz teilweise gegenteiliger Behauptungen ist nicht zu leugnen, dass Kaffee unserer Gesundheit und Allgemeinbefindlichkeit schadet. Viele Menschen spüren inzwischen am eigenen Leibe, dass ihnen das Aufputschmittel nicht gut tut. Aber wie schafft man es, von der Koffeinsucht frei zu werden? Ein Leben ohne Kaffee? Der Artikel gibt Hilfestellungen, wie man mit Entzugssymptomen wie Kopfschmerzen etc. umgeht.

Foto: Shutterstock_Pressmaster

Rubriken

Ameisen bilden lebende Brücke

Ameisen sind faszinierende Insekten. Sie können beispielsweise mehr als das Zwanzigfache ihres eigenen Körpergewichts heben. Das entspräche bei einem 70 kg schweren Menschen einer Traglast von über 1.400 kg, also rund anderthalb Tonnen. Sie sind auch bekannt für ihr Teamwork, das sie dazu befähigt, als Gruppe Dinge zu leisten, die sie allein nicht schaffen würden. Auf dem Bild sehen wir, wie Ameisen eine lebende Brücke gebildet haben, damit eine Kluft überwunden werden kann. Eine solche Brücke kann auch zwei Meter lang sein. Ein Teil der Ameisen bildet den „Brückenstrang", andere Ameisen laufen darüber, um ihr Ziel zu erreichen. Ein interessantes Detail dabei ist, dass der „Brückenbau" in so einem Fall gewöhnlich an der Stelle begonnen wird, wo der zu überwindende Abstand am geringsten ist. Ihr ausgeklügeltes Kommunikationssystem erlaubt den Insekten, hier blitzschnell kollektive Entscheidungen zu treffen, denn sie verfügen über keinen „Anführer", der die Befehle ausgibt. Auch diese kleinen Tiere beweisen immer wieder die Genialität der von Gott erschaffenen Natur.

Foto: Shutterstock - frank60 / Adchariya Sudwiset

INFO VERO *Natur*

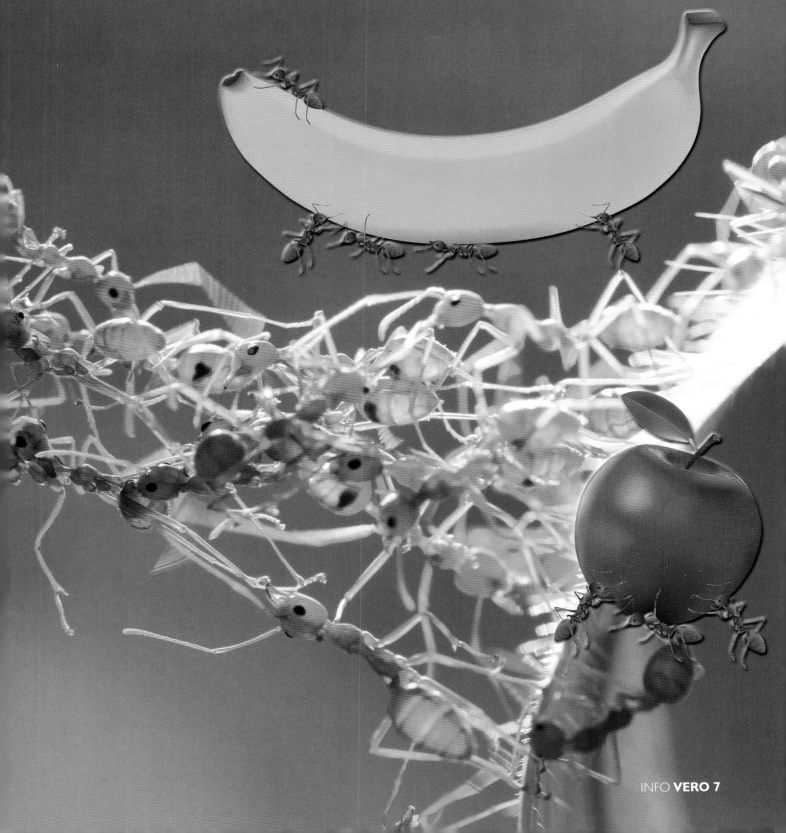

Grand Canyon

Die Landschaft des Grand Canyon übt auf jeden Betrachter eine Faszination aus. Doch wie sind diese vielen tief eingegrabenen Schluchten und stufenartigen Schichten entstanden? Während Vertreter des evolutionistischen Gleichförmigkeitsprinzips von einem sehr langsamen Prozess ausgehen, der sich über 7 Millionen Jahre hinzog, haben Kreationisten eine sehr überzeugende Erklärung, die mit der biblischen Flut zusammenhängt. Die Erodierung der geologischen Strukturen fand statt, nachdem sich die Wasser der Großen Flut aus dem Riesenbecken, das sich auf dem amerikanischen Kontinent durch die Aufrichtung der Berge gebildet hatte, wieder abflossen. Die mehrere Kilometer hohen Fluten flossen von Ost nach West vom Kontinent ab, sodass als Folge die Täler großenteils in umgekehrter Richtung von West nach Ost ausgehöhlt wurden. Viele typische Landschaftsmerkmale des Grand Canyon lassen sich dadurch erklären – wie die Schlängelung der Täler, die vielen Seitenschluchten und Ausflusspunkte im äußersten Steilhang. Zahllose Wasserfälle flossen ehemals von den Seitenwänden der V-förmigen Schluchten herunter und erodierten den Grand Canyon zu seiner jetzigen Form. Notwendig hierfür waren bestimmte geologische Charakteristika, die bestens durch die Flut erklärt werden: riesige Mengen von Wasser, die von einem flachen Plateau aus von oben beidseits in die Hauptschluchten hinabfließen. Außerdem sind relativ weiche Sedimente erforderlich, wie sie die Flut lieferte, weil

INFO VERO *Erde*

bei   Felsengesteinen
eine Erodierung viel län-
ger dauern würde. Die sin-
kenden Wasser wären längst
abgeflossen, bevor eine Aus-
höhlung des Gesteins bewirkt
werden könnte. Nur weiche Sedimente können kurzfristig ausgewaschen
werden. Und genau die waren bei der Flut
weltweit vorhanden. Dies ist eine bessere Erklärung als die von manchen Geologen vertretene Hypothe-
se eines Dammbruchs, durch den sich die Wasser verschiedener
interner Seen ergossen. (Quelle: creation.com / gapi)

Die sogenannte Klagemauer in Jerusalem ist das letzte Überbleibsel der ehemaligen Umfassungsmauer am Tempelberg. Nach der Zerstörung des Tempels im Jahre 70 n. Chr. entwickelte sich dieser Mauerteil später zu einer zentralen Gebetsstätte

Gesellschaft

des Judentums, wo religiöse und auch militärische Zeremonien durchgeführt werden. Eine Tradition ist, dass schriftliche Gebete in die Mauerritzen gesteckt werden. Der Inhalt der Zettel darf von keiner anderen Person gelesen werden, weil er „für Gott bestimmt" ist. Da der Platz begrenzt ist, werden zweimal im Jahr die Zettel aus den Ritzen entfernt und an einem sicheren Ort aufbewahrt, um die Privatsphäre der Betenden zu schützen. Wie häufig Zettel von Unbefugten entfernt und gelesen werden, ist unbekannt. Für einen Eklat sorgte ein Vorfall, bei dem ein vom damaligen Präsidentschaftsbewerber Barack Obama hinterlassener Zettel von einem Studenten entfernt und an eine israelische Zeitung weitergegeben wurde, wo er auf der Titelseite abgedruckt wurde.

Schnelleres Gehen erhöht die Lebensdauer

Dass körperliche Bewegung gut für die Gesundheit ist, ist allgemein bekannt. Eine an der Sydney-Universität durchgeführte Studie hat jetzt gezeigt, welch positive Auswirkungen simples Gehen hat, wobei die Geschwindigkeit beim Gehen ein entscheidender Faktor ist. Die Gehgeschwindigkeit von über 50.000 Personen wurde untersucht und dabei festgestellt, dass schnelleres Gehen deutlich das Risiko für Kreislauf-Erkrankungen sowie für die Gesamtsterblichkeit senkt. Im Vergleich zu Personen, die nur langsam gehen, verringerte sich das Risiko für Personen mit mittlerer Gehgeschwindigkeit um 20% – für Personen, die sich flott vorwärtsbewegen, sogar um 24%. Dieser Schutz-Effekt war in höheren Altersgruppen noch deutlich ausgeprägter. Ab einem Alter von 60 Jahren betrug die Risikoverringerung für Herztod 46% bei mittlerer Gehgeschwindigkeit, bei flotten Gehern sogar 53%. Ein entscheidender Faktor ist dabei die Erhöhung der Herzfrequenz.

Was ist mit einer flotten Gehgeschwindigkeit gemeint? Sie beträgt allgemein 5 bis 7 Kilometer pro Stunde, variiert allerdings abhängig vom Fitnessgrad des Einzelnen. Ein alternativer Indikator für die richtige Geschwindigkeit ist, wenn man ein wenig außer Atem gerät oder die Schweißbildung angekurbelt wird.

Die Ergebnisse sind unabhängig von sonstiger körperlicher Bewegung, Übergewicht und anderen Faktoren gültig.
(Quelle: *BJSM* / Sydney.edu / gapi)

Delfine kennen sich mit Namen

Männliche Delfine gehen in Gruppen langjährige Freundschaften mit anderen Männchen ein und kennen sich beim Namen. Zu diesem Ergebnis kamen australische Forscher. Sie fanden heraus, dass bestimmte Lautsignale einem individuellen Tier zugeordnet werden können, genauso wie bei Menschen die Namen. An diese individuellen „Stimmbezeichnungen" können sich die Tiere erinnern und auf diese Weise viele verschiedene Freunde oder auch Rivalen in ihrem sozialen Netzwerk erkennen. Auch benutzen sie diese individuellen Lautsignale zur Kontaktaufnahme. Bei ihrer über 30-jährigen Arbeit konnten die Forscher feststellen, dass diese Beziehungen oft jahrzehntelang andauern. Sie beobachteten, wie befreundete männliche Tiere nebeneinander schwimmen und sich dabei mit Brustflossen und Schwanzflossen berühren und aneinander reiben. Der sanfte Kontakt stärkt vermutlich die freundschaftliche Bindung.

(Quelle: *Current Biology* / *Spiegel* / gapi)

„Tödliches" Hähnchenfleisch?

Schweizer Experten warnen, dass der Konsum von Hähnchenfleisch tödlich enden könnte. Der Grund ist die Kontaminierung des Fleisches mit Antibiotika-resistenten ESBL-Keimen, die laut der Organisation Swissveg in drei Vierteln aller Geflügelerzeugnisse enthalten sind. Jährlich komme es zu rund 10.000 Fällen von Lebensmittelvergiftungen, beispielsweise durch den Kontakt mit rohem Hähnchenfleisch. Diese stellen eine große Gefahr dar und könnten selbst bei kleinen Infektionen tödlich verlaufen. In den vergangenen 10 Jahren habe sich die Existenz von multiresistenten Keimen in Geflügelerzeugnissen verzehnfacht. Auch Tiere, die selbst nie mit Antibiotika in Berührung gekommen sind, können zu Überträgern werden, da die Keime auf verschiedenen Wegen auf die Küken oder andere Tiere im Stall übertragen werden. Das Problem beschränkt sich nicht auf die Schweiz, da die überwiegend importierten Produkte gewöhnlich schon im Ursprungsland kontaminiert sind. Für den Experten Pichler kommt nur eine Lösung in Frage: „Hähnchenfleisch ist ein hochgefährliches Lebensmittel und hat in Schweizer Küchen nichts verloren. Es muss vom Markt verbannt werden." Diese Warnung scheint vielen Konsumenten stark übertrieben. Aber unabhängig von der Gefährlichkeit der resistenten Keime wird von Ernährungsexperten auch verstärkt der Genuss nichtkontaminierten Fleisches in Frage gestellt, da die wissenschaftlichen Erkenntnisse zunehmend weitere gesundheitliche Risiken aufdecken.

(Quelle: Kampagne „Huhngesund" / gapi)

Grün gut für Gesundheit

Es gibt viele Gründe, warum das Leben auf dem Land gesund ist. Allein das Grün der Pflanzen und Landschaft kann unheimlich schnell beruhigen. Wir entwickeln ein Gefühl der Gelassenheit, wenn wir nur fünf Minuten den Blick auf die Pflanzen richten. Die Pulsfrequenz wird niedriger, die Muskeln entspannen sich und wir atmen tiefer. Bereits in den 80-er Jahren hatte der amerikanische Wissenschaftler Roger Ulrich diese Zusammenhänge bewiesen. Er hatte den Versuchspersonen zunächst einen Film vorgeführt, der sie in Stress versetzte, und anschließend Bilder von Landschaften mit üppiger Vegetation gezeigt. Studien mit Führerscheinprüflingen, die die Prüfung teils in Räumen mit Pflanzen und in Räumen ohne Pflanzen ablegen mussten,

zeigten, dass der Blick auf das Grün nicht nur beruhigt, sondern auch Konzentrationsfähigkeit und Kreativität steigert. Auch schreiten Heilungsprozesse schneller voran, wenn die Patienten Grünes sehen, wie Untersuchungen mit Krankenhauspatienten ergeben haben. Das Erstaunliche war, dass diese Wirkung bereits eintrat, wenn die Patienten nur durchs Fenster in den Park schauen konnten oder auch nur die Möglichkeit hatten, Bilder von Pflanzen zu betrachten. Natürlich hat die Original-Natur den stärksten Effekt, weil auch noch die Sauerstoffproduktion, Schadstofffilterung und viele andere gesundheitsfördernde Wirkungen hinzukommen.

(Quelle: Medizin populär / gapi)

Betrunkenes Neugeborenes

Dass Alkohol für Schwangere tabu ist, gehört zum Allgemeinwissen. Welche Auswirkungen hat es jedoch auf das Ungeborene, wenn eine werdende Mutter dies ignoriert und Alkohol zu sich nimmt? Ein praktisches Beispiel wurde kürzlich aus Polen geliefert. Hier kam unerwartet ein Baby bereits in der 31. Schwangerschaftswoche als Frühchen zur Welt. Die Mutter hatte zuvor Alkohol konsumiert und wies im Blut einen Promillegehalt von 1,0 auf. Zwar haben Mutter und Fetus getrennte Blutkreisläufe, doch wird Blutalkohol nicht von der Plazentaschranke aufgehalten und gelangt ungefiltert ins Blut des Ungeborenen. Das schockierende Ergebnis war, dass das frühgeborene Baby einen Blutgehalt von 2,0 Promille aufwies – doppelt so hoch wie der der Mutter. Bereits vor einigen Jahren war in Polen ein noch drastischerer Fall berichtet worden: Die hochschwangere Mutter war mit 2,6 Promille betrunken in einem Schnapsladen zusammengebrochen. Das mit einem Not-Kaiserschnitt entbundene Kind wies einen lebensbedrohlichen Blutalkoholgehalt von 4,5 Promille auf. Der höhere Promillewert hängt teilweise damit zusammen, dass der Organismus des Fetus sehr viel länger braucht, um den Alkohol abzubauen. Somit ist auch das Ungeborene der schädigenden Wirkung des Zellgiftes Alkohol viel länger ausgesetzt. Seine körperliche und geistige Entwicklung sind stark gefährdet – bis zum fetalen Alkoholsyndrom und körperlicher oder geistiger Behinderung. Dabei reichen schon kleinste Mengen bzw. ein einziger erhöhter Alkoholkonsum aus, um die Gesundheit des werdenden Kindes erheblich zu gefährden. Es grenzt an ein Wunder, dass beide Babys überlebt haben.

(Quelle: Wochenblatt / Welt / gapi)

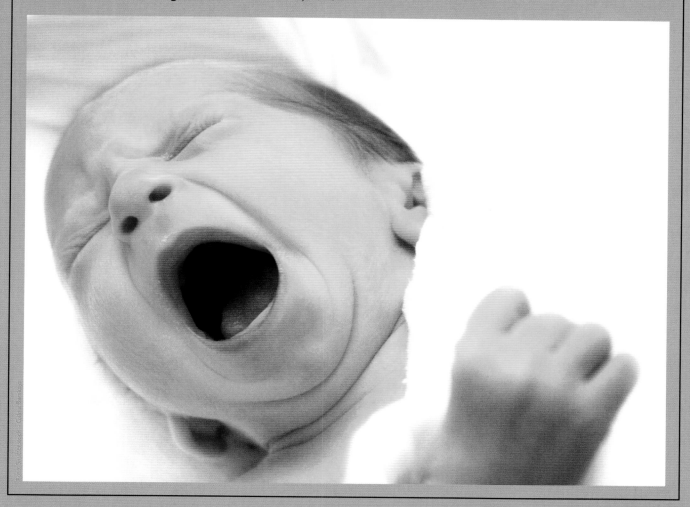

Foto: Shutterstock_Lukiyanova Natalia frenta / gorange

Lamassu, der babylonische „Schutzdämon" mit Stierkörper, Flügeln und menschlichem Kopf.

Die letzte Nacht von Babylon

Wer hat nicht schon von Babylon gehört, der unvergleichlichen Stadt aus der Antike. Laut der Formulierung des antiken griechischen Historikers Herodot war diese Metropole „gewaltig und prächtig gebaut wie meines Wissens keine andere Stadt der Welt". Die Länge der Stadtmauern von Babylon, in die 100 Tore eingebaut waren, betrug laut Herodot 86 Kilometer. Auch wenn diese Zahl wahrscheinlich zu hoch gegriffen war, besteht kein Zweifel über die Unvergleichlichkeit und Pracht dieser Stadt. Der sie umgebende riesige Festungsgürtel war einmalig und genauso beeindruckend wie die Hängenden Gärten, die zu den sieben Weltwundern der Antike zählten.

Soldaten vor dem imposanten Ischtar-Tor in Babylon (Gemälde von Bruce Long).

Während der Blütezeit seiner ruhmreichen Existenz schien es, als wenn das mächtige Babylon dazu bestimmt war, auf ewige Zeiten weiter zu bestehen. Die „goldene Stadt" hatte immer mehr an Macht zugenommen und galt inzwischen als DAS Wunder der antiken Welt … mit gewaltigeren Gebäuden und einer größeren Bevölkerungsanzahl als jede andere Stadt des Altertums.

Es war in Babylon, wo man ein Alphabet erfunden sowie ein mathematisches System einschließlich mathematischer Problemlösungen erarbeitet hatte. Man hatte Gerätschaften entwickelt, mit denen man die Zeit messen konnte. Und einen Plan konzipiert, mit dem man mithilfe des minderwertigsten aller Materialien – Lehm – gewaltige Bauwerke konstruieren konnte. Die Babylonier erfanden die Kunst des Bearbeitens von Edelsteinen – wie man sie schleifen und mit Bohrlöchern und Eingravierungen versehen konnte. Sie wussten, wie man die Gestalt von Menschen und Tieren originalgetreu nachbilden konnte. Sie entwickelten eine hochgradige Perfektion bei der Herstellung von Textilien. Sie studierten mit Erfolg die Bewegungen der Himmelskörper. Grammatiklehre war für sie eine Wissenschaft. Und

Der Hieroglyphen-Stein berichtet Details aus der babylonischen Geschichte.

Ausschnitt zweier Soldaten auf den farbig glasierten Mauern Babylons (Pergamon-Museum Berlin).

sie erarbeiteten ein ausgeklügeltes System von Gesetzen.

Noch nie hatte die Welt eine solche Stadt gesehen. Die Mauern der Befestigungsanlagen ragten über 60 Meter in die Höhe – 20 Stockwerke hoch. Und die Fläche ganz oben auf diesen Mauern war so breit, dass mehrere Pferdewagen mit hoher Geschwindigkeit nebeneinander fahren konnten. Die in der Sonne glänzenden, imposanten Paläste und Tempeltürme ragten weit hinauf in den

Die „Hängenden Gärten" Babylons, wie sie sich ein Künstler des 19. Jh. vorstellte.

Büste des antiken, griechischen Historikers Herodot, auch als „Vater der Geschichtsschreibung" bezeichnet.

Himmel und riefen bei anreisenden Besuchern Begeisterung hervor, selbst wenn sie noch Meilen entfernt waren.

Farben spielten eine wichtige Rolle in der Stadt. An öffentlichen Gebäuden bestand die oberste Schicht des Mauerwerks aus verschiedenfarbigen glasierten oder gebrannten Ziegeln. Die Stadtmauern waren gelb, die Tore blau, die Paläste rot und die Tempel weiß.

In alle Himmelsrichtungen wurde Babylon durch Kanäle und schiffbare Wasserstraßen durchkreuzt. Und hier war der Ort, wo die weltberühmten Hängenden Gärten auf übereinanderliegenden Terrassenstufen angepflanzt worden waren.

Babylon war nicht nur die Herrin der Welt, sondern sie hatte sich an einem sicheren Ort niedergelassen, der inmitten der fruchtbarsten Region der ganzen Welt lag. Das Land war so unglaublich fruchtbar, dass Herodot befürchtete, für einen Lügner gehalten zu werden, wenn er davon berichtete, was er tatsächlich an erstaunlicher Fruchtbarkeit des dortigen Bodens gesehen hatte.

Die Großartigkeit dieser antiken Stadt ist tatsächlich legendär. Und doch ist diese unvergleichliche Stadt heute verschwunden – genau, wie es die Bibel in ihren Prophezeiungen vorhergesagt hatte. Die auf den Punkt genaue Erfüllung der biblischen Prophezeiungen ist frappierend. Wir wollen uns in diesem Artikel einige der Details näher anschauen.

Prophezeiung: Babylon soll ausgelöscht werden

Noch bevor Babylon zur Herrscherin der Welt aufgestiegen war, machte ein biblischer Prophet öffentlich folgende Ankündigung: *Babylon, heute noch die glanzvollste Stadt aller Königreiche, der ganze Stolz der Chaldäer, wird restlos zerstört. Ihr wird es genauso ergehen wie damals den Städten Sodom und Gomorra, die Gott dem Erdboden gleichmachte [unbewohntes Ödland].* (Jesaja 13,19 Hfa)

Eigentlich eine ganz simple Aussage, aber sie widerlegt jedwede Behauptung, dass die Vorhersagen vage und unpräzise sind, sodass, egal was passiert, die Interpretation des Geschehens dann als eine Erfüllung der Vorhersage hingebogen werden könnte. Tatsächlich sagt der Prophet mit seiner kühnen Vorhersage: 'Ich sehe die Größe Babylons; ich habe ihre offensichtlich unbezwingbaren Mauern vor Augen. Ich weiß, dass die Stadt mächtig und stark ist, die größte Stadt, die die Welt je gesehen hat. Nichtsdestoweniger wird diese offensichtlich nicht zu überwindende Stadt Babylon so vollständig ausgelöscht werden wie Sodom und Gomorra.'

Und damit auch kein Skeptiker die Beschuldigung vorbringen könnte, die Bibel würde zweideutige Vorhersagen formulieren, wurde dann noch weiter spezifiziert: *Sie wird nie mehr bewohnt werden.* (Vers 20 SLT) Und damit auch wirklich kein kritischer Zweifler behaupten könnte, damit sei etwas anderes gemeint, wurde noch hinzugefügt: *Sie wird unbesiedelt bleiben von Geschlecht zu Geschlecht. Kein Araber wird dort zelten, und keine Hirten werden ihre Herden dort lagern lassen.*

Wer könnte jetzt noch behaupten, die Aussage sei missverständlich oder mehrdeutig. Aber die Vorhersagen über Babylon sind keinesfalls auf diese eine Feststellung beschränkt. Obwohl die Worte eindeutig waren, schienen die Vorhersagen so absolut unmöglich, dass ein damaliger Zeitgenosse zu dem Schluss kommen musste, dass der Schreiber sich entweder geirrt hätte oder geisteskrank war. Aber Jeremia kommt Jesaja zur Hilfe und bestätigt seine Aussage. Die Bedeutung dessen, was diese beiden Propheten schrieben, ist in der Tat unmissverständlich: *Eine ewige Wüste [Einöde/Trümmerfeld] sollst du [Babylon] werden.* (Jeremia 51,26) *Und Babel soll zu einem Steinhaufen werden, zur Behausung der Schakale, zum Entsetzen und zum Gespött, und niemand soll darin wohnen.* (Vers 37)

Konkrete Vorhersagen bzgl. der Eroberung Babylons

Von den vielen detaillierten Vorhersagen über die Eroberung Babylons hier eine kurze Zusammenstellung von fünf Punkten:

1. Der Eroberer von Babylon wird ein Mann namens Kyrus sein. (Jesaja 45,1)
2. Der Fluss wird ausgetrocknet werden. (Jesaja 44,27)
3. Die Tore werden unverschlossen sein. (Jesaja 45,1.2)

4. Die Stadt wird während eines Festes/Trinkgelages erobert werden. (JEREMIA 51,39,57)
5. Sie wird ohne Kampf eingenommen werden. (JEREMIA 51,30)

Das erstaunlichste Detail ist, dass die Prophezeiung bezüglich Kyrus in den späten 700er Jahren v. Chr. gemacht wurde, lange bevor Kyrus überhaupt geboren wurde! Tatsächlich eroberte Kyrus Babylon erst 539 v. Chr., mehr als 150 Jahre nachdem der biblische Prophet Jesaja ihn *namentlich* erwähnte!

Die Beschreibung der Erobe-rung Babylons würde ein ganzes Buch füllen. Hier eine kurze Zusammenfassung der Geschehnisse. Die Stadt Babylon hatte extrem starke Befestigungsanlagen. Von ihren hoch aufragenden Mauern aus machten sich die Einwohner über die angreifenden Meder und Perser lustig. Nicht nur war die Stadt uneinnehmbar, sondern sie

Vogelperspektive eines Modells des Ischtar-Tors mit der Prozessionsstraße (Pergamon-Museum).

hatte auch ausreichend Vorräte für 20 Jahre eingelagert.

Es gab keine Möglichkeit, in die Stadt hineinzukommen, die einzige Option eines Zugangs war die Stelle, an der der Fluss Euphrat unterhalb der Stadtmauern in die Stadt hinein- und hinausfloss. Der persische König Kyrus war sich bewusst, dass er die Stadt niemals mit militärischer Gewalt einnehmen konnte, deshalb ersann er einen gewieften Plan. Er würde das durch die Stadt fließende Wasser von seinem Flussbett umleiten. Zu einem festgelegten Zeitpunkt leitete er das stromaufwärts fließende Flusswasser in einen See um. Der Wasserstand in dem Strom wurde bald so niedrig, dass man ihn durchwaten konnte, und Kyrus' Soldaten drangen entlang des Flussbettes unterhalb der Stadtmauern in die Mitte der Stadt Babylon ein.[1]

Zu beiden Seiten des Flusslaufes durch die Stadt gab es sehr hohe stadt-interne Mauern. In diese Mauern waren gewaltige Messingtore eingebaut, die bei geschlossenem Zustand und entsprechender Bewachung gewährleisteten, dass vom Flussbett aus niemand auf die Straßen, die den Fluss überqueren, gelangen konnte. Wären die Tore zu diesem Zeitpunkt geschlossen gewesen, wären die Eindringlinge womöglich das gesamte Flussbett entlangmarschiert und am anderen Ende wieder aus der Stadt herausgelaufen, ohne dass sie etwas hätten bewirken können. Aber weil die Babylonier sich so sicher fühlten, hatten sie in der Nacht ein großes Fest veranstaltet. Die Trunkenheit bei diesem Zechgelage hatte dazu geführt, dass diese inneren Flusstore offen gelassen wurden, damit die Einwohner jederzeit nach Belieben den Fluss überqueren konnten.

Das Gemälde „Der Fall Babylons" von John Martin (1831) illustriert den Einfall der Armee des Kyrus. Martin galt als der populärste Maler seiner Zeit.

Selbst der Versuch, Babylon auf dem Wege des Flussbettes einzunehmen, wäre erfolglos verlaufen, wenn sich nicht die gesamte Stadt in dieser schicksalhaften Nacht in selbstvergessener Weise zu einer solch leichtsinnigen Unachtsamkeit hätte hinreißen lassen.

Niemand bemerkte das plötzliche Absinken des Wasserspiegels im Fluss. Niemand sah, wie die persischen Soldaten sich Zugang verschafften. Niemand sorgte dafür, dass die Tore zum Fluss geschlossen und bewacht wurden. Niemand kümmerte sich in dieser Nacht um irgendetwas anderes als selbst in der wilden Feierei abzutauchen. Diese Nacht kostete die Babylonier ihr Königreich und ihre Freiheit. Bei Eintritt der Nacht waren sie noch die Untertanen des mächtigen

Babylon. Sie erwachten aus dieser Nacht als Sklaven des Königs von Persien.

Jedes einzelne Detail dieser 5 Prophezeiungen wurde genauestens erfüllt.

Der Wandel vom fruchtbaren Land zur Wüste

Eine ewige Wüste sollst du [Babylon] werden! schrieb der Prophet. (Jeremia 51,26)

Man stelle sich einmal vor, ein solches Land, mit den weltweit am weitesten zivilisatorisch entwickelten Bewohnern, die „goldene Stadt", an einem der fruchtbarsten Orte der Welt lokalisiert, soll zu einer wilden, verlassenen, öden, ausgetrockneten, völlig ertraglosen und unbewohnten Wüste werden. Das war absolut unvorstellbar. Bis zu diesem Zeitpunkt

„Das Fest Balsazars" von John Martin (1821). Das Zechgelage der Babylonier in der Nacht des Angriffs war ein entscheidender Faktor für den Sieg des Kyrus.

gab es kein einziges Land, das von einer solchen Katastrophe heimgesucht worden wäre.

Man beachte folgenden Vergleich: Das große Babylon, eines der Weltwunder und die Hauptstadt der Welt, kämpfte gegen Jerusalem, ein Riese gegen einen Zwerg – und Jerusalem wurde der Sklave des Riesen. Aber sowohl Babylon als auch seine Bewohner haben sich wie ein nächtlicher Traum ins Nichts aufgelöst, während Jerusalem und sein Volk immer noch bestehen.

„Ohne Einwohner", hatten die Propheten geweissagt. Und auf schier

Noch nie ist eine eroberte Stadt in einem solch desolaten, unbewohnten, wüsten Zustand zurückgelassen worden wie Babylon.

unheimliche Weise hat sich ihre Vorhersage erfüllt. Dabei sollte man Folgendes berücksichtigen. Die Lokalisation der wichtigsten Städte der Welt ist gewöhnlich so gezielt ausgewählt und reich an natürlichen Vorzügen,

Altstadt Jerusalems. Obwohl Jerusalem von Babylon erobert wurde und auch immer wieder von anderen Nationen angegriffen wurde, steht die Stadt wie viele andere antike Städte noch heute (im Gegensatz zu Babylon).

Übersetzung angefertigt wurde. Und dies war ca. 200 v. Chr. der Fall. Und selbst wenn man davon ausgeht, dass die Prophezeiung erst zu diesem Zeitpunkt geschrieben worden wäre, kommen Skeptiker in Schwierigkeiten. Denn ein nicht kleiner Teil der Vorhersagen über Babylon hat sich erst Jahrhunderte nach der Zeit Christi vollständig erfüllt. Und niemand kann leugnen, dass die vollständige

Altes Manuskript der Septuaginta.

dass die Bevölkerung sich nicht so leicht von ihnen löst. Auch wenn die Bevölkerung schrumpft und die Stadt verfällt, verbleiben immer noch eine Anzahl von menschlichen Behausungen, die einen Teil der ursprünglichen Stätte einnehmen. Man denke an Städte wie Damaskus, Jerusalem, Athen, Rom, Antiochien, Alexandria, Byzanz, Sidon. Alle diese Städte sind von der Zeit ihrer Begründung vor Tausenden von Jahren bis zur Gegenwart unverändert in ihrem Bestand und bedeutungsvoll geblieben. Allein der größten und reichsten von all diesen Städten blieb es vorbehalten, in völlige Vergessenheit und Verwüstung zu versinken. Nicht nur ist dieser Umstand selbst schwer nachzuvollziehen, aber die Tatsache, dass dies vor so langer Zeit vorhergesagt wurde, ist umso frappierender.

Wenn Menschen mit der erstaunlichen Erfüllung der biblischen Prophezeiung über Babylon konfrontiert werden, haben sie zuweilen Mühe, diese Fakten anzunehmen, weil sie nicht in ihr Weltbild passen. Die ein-

zige Erklärung für sie ist dann, dass dies keine Vorhersage sein kann, sondern dass die „Prophezeiung" geschrieben wurde, nachdem die Zerstörung Babylons bereits stattgefunden hatte, und dann rückdatiert wurde. Allerdings gibt es Fakten, die dieser Erklärung widersprechen. Eine ist, dass diese Prophezeiungen in Jesaja und Jeremia auch in der Septuaginta, der griechischen Version des Alten Testaments enthalten sind. Das beweist also, dass sie geschrieben worden sein müssen, bevor diese

Ein Schakal in der Wüste. Nach Aussagen der Bibel sollte Babylon von Schakalen besiedelt werden.

Beschreibung des Zustands von Babylon nach seiner Zerstörung und aller Begleitumstände, wie ihn die Propheten schilderten, genau dem entspricht, was wir heutzutage sehen, weit über 2.000 Jahre nach der Formulierung der erstaunlichen Vorhersagen.

Insgesamt enthält die biblische Vorhersage über Babylon rund 100 De-

Outfit römischer Soldaten bei einer historischen Show.

Die Goldschätze der Babylonier waren unermesslich groß und übertrafen bei weitem die Erwartungen der vielen Plünderer.

laden mit Reichtümern, dass es den begehrlichen Verwüstungen der nacheinander auftauchenden Plünderer immer noch etwas zu bieten hatte. Kaum hatte eine neue Horde von Eroberern das Land geplündert, bereitete sich eine weitere Armee darauf vor, um der Beute willen eine Attacke zu führen und das Land erneut auszuplündern.

Als erstes bemächtigte Kyrus sich riesiger Mengen von Schätzen. Xerxes und seine Armee nahmen allein an Gold eine geschätzte Menge im Wert von einer knappen Milliarde Euro mit, neben reichlich anderen wertvollen Raubgütern. Dann kam Alexander. Aber Babylons Reichtum war alles andere als erschöpft, er konnte jedem einzelnen Soldaten in seiner riesigen Armee Beute im Wert von rund 500 Euro aus den Vorräten Babylons geben und für sich selbst einen unermesslich großen Reichtum an Schätzen einstecken. Nach dem Tod Alexanders haben dann die Parther über 200 Jahre lang ununterbrochen das Land geplündert, und danach kamen von weither die Römer mit derselben Absicht.

Man würde meinen, dass nach mehreren hundert Jahren der Plün-

derung nicht mehr viel an wertvollen Dingen übrig sein konnte. Gibbon, der Skeptiker, ist in diesem Punkt der beste Kommentator, ohne dass er sich dessen bewusst ist. Er berichtet von zahlreichen Eroberungszügen, die einen Zeitraum von etlichen hundert Jahren umfassen, welche nur zu dem einen Zweck durchgeführt wurden, die Ruinen Babylons und der umliegenden Städte zu plündern.

Und später, als die Römer unter Heraclius Chaldäa plünderten, berichtet uns Gibbon, dass „obwohl schon große Teile der Schätze weggeschafft worden waren … der noch verbleibende Reichtum offenbar ihre Hoffnungen übertraf und tatsächlich ihre Raffgier sättigen konnte.“[2]

Und in einem weiteren historischen Bericht beschreibt Gibbon das Entzücken noch einer weiteren Truppe von Eroberern im Jahre 636 – hunderte Jahre, nachdem die Prophezeiung ausgesprochen wurde: „Die ohne alles in die Wüste gekommenen Räuber sahen sich plötzlich über alle Maßen bereichert, weit über ihre Hoffnungen und Erwartungen hinaus. Jede Kammer enthüllte einen neuen Schatz, der prahlerisch auf dem Präsentierteller stand oder aber kunstvoll versteckt war; das Gold und Silber, die verschiedenen Kleiderschränke und kostbaren Möbelstücke übertrafen (so Abulfeda) das, was die

Plünderer mengenmäßig und von der kunstreichen Ausstattung her erwartet hatten. Und ein anderer Historiker versucht, die unzählbaren und schier unendlichen Massen mit einer legendären Berechnung einzuschätzen: Er spricht von drei Tausenden von Tausenden von Tausenden [also etlichen Milliarden] Goldstücken".[3]

Und diese Einschätzung erfolgt nach Jahrhunderten der Verwüstung, Plünderung und Brandschatzung durch andere riesige Armeen und mächtige Eroberer! Und noch bis

Blick auf die Ruinen Babylons.

Rekonstruktionen Saddam Hussein

Blick vom früheren Palast Saddam Husseins über die Ruinen Babylons (oben). Die im Hintergrund und rechts sichtbaren Gebäude und Mauern (siehe auch unten) sind Saddams Versuch, die Stätte für propagandistische Zwecke wieder auferstehen zu lassen. Wie Nebukadnezar schrieb er auf viele der Ziegel seinen Namen, indem er Inschriften wie folgende eingravieren ließ: „Dies wurde von Saddam, dem Sohn Nebukadnezars gebaut, zur Ehre des Irak." Unter Wissenschaftlern gelten diese Rekonstruktionen als „haarsträubend" und „schlecht gemacht" und müssen nun wieder abgetragen werden, was sehr teuer wird. Allein der Abriss des „Fantasiepalastes" von Nebukadnezar soll einige Millionen Dollar kosten. Die Nachbauten Saddams haben laut Experten mit der antiken Stadt herzlich wenig zu tun und sind ein Albtraum für Archäologen.

zum heutigen Tage werden dort reiche Schätze gefunden. Das ist äußerst ungewöhnlich. Denn es gibt keinen Ort auf Erden, an den die Eroberer von Weltreichen über Hunderte von Jahren immer wieder zurückgekehrt sind, um wieder und wieder Beute zu machen und mit mehr Schätzen beladen wieder zurückzukehren, als sie sich in ihrer Raffgier erträumen konnten – ungeachtet der immensen Beute, die vorherige Plünderer bereits weggeschafft hatten. Der Prophet hatte dies vorhergesagt, und der Skeptiker Gibbon sollte es später als historisches Geschehen festhalten.

„Für immer wüst und verlassen bleiben"

Eine ewige Trümmerstätte sollst du sein, spricht der HERR. (JE-REMIA 51,26 ELB) Mit anderen Worten sagt die Prophezeiung hier, dass Babylon niemals wieder auferbaut werden soll zu der Pracht und Macht, welche die Stadt genoss, als sie die Hauptstadt des babylonischen Reiches war.

Aber was ist denn, könnte jetzt jemand einwenden, mit dem teilweisen Wiederaufbau von Nebukadnezars Palästen und öffentlichen Gebäuden? Saddam Hussein wollte ja Babylon wieder aufbauen. Genauso wie Alexander der Große. Letzterer war so erpicht auf den Wiederaufbau, dass er 10.000 Männer dorthin entsendete, die die Arbeit ausführen sollten. Aber dennoch gelang es ihnen nicht. Saddam versuchte einen teilweisen Wiederaufbau der alten Paläste. In der Nähe des antiken Babylons gibt es jetzt eine Anlage mit einigen nachgebauten Gebäuden und Mauern. (s.S. 29) Allerdings ist das ursprüngliche Babylon, der Stolz der Chaldäer, nie wieder aufgebaut worden. Auch in der Zukunft wird dies nicht gelingen!

Tatsächlich gibt es einen Umstand, der einen Wiederaufbau im

Geschosse mit abgereichertem Uran an Bord der USS Missouri. Die Gegend um Babylon ist durch den Irak-Krieg massiv radioaktiv verseucht.

Prinzip völlig ausschließt. Forscher machen geltend, dass seit dem zweiten Irak-Krieg der Standort der antiken Stadt Babylon dermaßen mit der Radioaktivität von abgereichertem Uran verseucht ist, dass es höchstwahrscheinlich nie wieder möglich sein wird, dass irgendein Mensch in dieser Gegend leben kann. Es existieren gegenwärtig keinerlei technische Möglichkeiten, die erwiesenermaßen die radioaktive Belastung durch abgereichertes Uran beseitigen können.[4] Abgereichertes Uran besitzt immerhin noch 30% der Strahlung, die in dem ursprünglichen Uranerz vorhanden war! Angesichts des Fehlens irgendeiner wissenschaftlichen Methode, die nachweisbar diese Radioaktivität schnell und vollständig in eine unschädliche Substanz verwandelt, kann man nur zu dem Schluss kommen, dass der Krieg gegen den Irak möglicherweise jetzt dafür gesorgt hat, dass die Erfüllung der gött-

lichen Weissagung in Jesaja 13,19-20 mittlerweile für jeden nachvollziehbar endgültig und unwiderruflich ist.

„Kein Araber wird dort zelten"

Es gibt eine interessante Geschichte, die ein Dr. Cyrus Hamlin in diesem Kontext erzählt hat. Vor etlichen Jahren hielt sich Hamlin in Istanbul auf (das damals noch Konstantinopel hieß), wo er sich mit einem Oberst der türkischen Armee traf. Dr. Hamlin fragte den Oberst, ob er jemals Babylon besucht hatte. „Ja", erwiderte dieser. „In den Ruinen von Babylon gibt es sehr viel Jagdwild. Ich hatte einen Scheich mit seiner Gruppe engagiert und habe mich dort in den öden Rui-

Auch heute noch würde kein Araber sein Zelt im Einzugsbereich der babylonischen Ruinen aufschlagen.

nen eine Woche lang zur Löwen-Jagd aufgehalten." Dann erzählte er davon, dass er jeden Morgen und Abend einen sehr langen Fußweg durch die Wüste zurücklegen musste – und das nur, weil sein arabischer Führer sich weigerte, über Nacht in den Ruinen zu zelten. „Bei Sonnenuntergang begannen die Araber zu meiner Verwunderung, ihre Zelte abzubauen, und machten sich abmarschbereit. Ich ging zu dem Scheich und protestierte. Aber keines meiner vorgebrachten Argumente hatte irgendeine Wirkung

auf ihn. ‚Es ist nicht sicher', sagte der Scheich, ‚kein einziger Sterblicher wagt es, sich hier nach Sonnenuntergang aufzuhalten. Gespenster und leichenfressende Dämonen kommen nach Einbruch der Dunkelheit aus den Löchern und Höhlen, und wen immer sie fangen können, wird zu einem von ihnen. *Kein einziger Araber hat je die Sonne in Babylon untergehen sehen.*'"

Für Dr. Hamlin war das sehr interessant und spannend, was er hörte. Er schlug ein mitgebrachtes Buch auf und zitierte: *So soll Babel, das schönste unter den Königreichen, die herrliche Pracht der Chaldäer, zerstört werden von Gott wie Sodom und Gomorra … dass auch Araber dort keine Zelte aufschlagen.* (JESAJA 13,19)

„Das ist aus einem Geschichtsbuch, was Sie dort lesen", bemerkte der Oberst. „Nein", erwiderte Dr. Hamlin, „das ist eine biblische Prophezeiung. Diese Worte wurden geschrieben, als Babylon noch in all

Ruinen-Überreste des antiken Babylons. Von der einstigen Herrlichkeit und Pracht ist nichts mehr zu erkennen.

Foto: Shutterstock, José Ignacio Soto

Zelte sind auch heute noch eine beliebte Unterkunft besonders der nomadischen Araber.

seiner glanzvollen Herrlichkeit bestand." Der Oberst schwieg und die beiden sind sich nie wieder begegnet.

Wie konnte Jesaja wissen, dass die Araber immer weiter existieren würden, nachdem Babylon sich in Staub aufgelöst hatte. Obwohl es einige ärmliche Araber gab, die vor 2.500 Jahren um Babylon herum in Zelten lebten, waren die Babylonier die stolzen Herrscher der Welt. Die vollständige Vernichtung dieses herrschenden Geschlechts war vorhergesagt worden. Hat man schon jemals einen Einsiedler getroffen, der ein Babylonier ist? Und was hatte der Prophet gesagt? Im Prinzip sagte er folgendes: „Zwar wird das mächtigste Geschlecht auf Erden ausgelöscht werden, ebenso wie ihre weltbeherrschende Stadt, aber dieses kleine unbedeutende Volk der Araber wird immer weiter bestehen, die nächsten 2.000 Jahre, und lange nachdem diese stolze Stadt zu Ruinen zerfallen ist und ihre Stätte fast in Vergessenheit geraten ist, werden sie immer noch existieren."

Woher wusste Jesaja, dass die Araber weiterhin in der Nähe von Baby-

lon leben würden? Die Prophezeiung impliziert dies ja ganz deutlich. Da sie Nomaden waren, wäre es logisch anzunehmen, dass sie mit der Zeit entweder aus der nahen Umgebung eines solchen Ortes, wie wir die heutige Stätte von Babylon kennen, verschwinden würden oder aber auch selbst aussterben würden. Aber wie konnte Jesaja wissen, dass sie über 2.000 Jahre lang in der Nähe der Ruinen bleiben würden? Dass sie noch heute dort sein würden? Man stelle sich den höhnischen Spott der Skeptiker vor, wenn es innerhalb von 1.000 Meilen um Babylon herum keinen einzigen Araber gäbe! Und was für eine Genugtuung es für diese Skeptiker wäre, wenn alle Araber vollständig ausgestorben wären, bevor Babylon in Vergessenheit geraten war! Und woher wusste Jesaja, dass die Araber weiterhin in Zelten wohnen würden? Und woher wusste er, dass die Araber sich nicht die Ruinen Babylons zunutze machen würden, um sich dort ein Obdach einzurichten?

Viele Forscher und Archäologen der letzten Jahre haben davon berichtet, dass es unmöglich ist, Araber dazu zu bewegen, auf dem Gelände dieser antiken Stadt über Nacht zu bleiben. Einer dieser Forscher war Kapitän Mignan, der von sechs rundherum bewaffneten Arabern begleitet

wurde. „Sobald die Nacht heranrückte, konnte er sie nicht dazu bringen, länger zu verweilen, weil sie solche Furcht vor bösen Geistern hatten. Es ist unmöglich, diese Vorstellung aus den Köpfen dieser Leute herauszubekommen."[5]

Auch als Saddam Hussein in jüngerer Zeit versuchte, Babylon wieder aufzubauen, indem er Ziegel mit dem Schriftzug seines Namens verbaute, blieben die Bauarbeiter selbst nicht über Nacht an der Stätte. Kein Araber zeltet jemals an diesem Ort!

Wer sich mit der biblischen Prophezeiung über Babylon beschäftigt, muss zugeben, dass sie sich in allen Details erfüllt hat. Man kann nicht umhin, zu dem Schluss zu kommen, dass diese Vorhersagen nur aus einer Quelle stammen können – von einer Macht, die die Fähigkeit hat, *über unsere menschlichen Grenzen von Zeit und Raum hinauszuschauen.*

/ *Jonathan Gray ist ein vielgereister neuseeländischer Forscher, Sprecher und Autor. Seine Schwerpunkte liegen in den Bereichen alte Mysterien, Schöpfung/Evolution, Archäologie, Gesundheit.*

Der Artikel wurde mit freundlicher Genehmigung des Autors in gekürzter, leicht adaptierter Form aus dem Buch **UFO Aliens: the deadly secret** *übersetzt.*

Quellenangaben

1 Herodotus, i.190,191; *Xenophon, Cyropaedia,* vii.5.1-36.
2 Gibbon, *Decline and Fall of the Roman Empire,* Bd. 4, S. 480.
3 Ebd., Bd. 5, S. 180.
4 http://www.cuttingedge.org/news/n1909. cfm
5 Mignan, *Travels,* S. 235.

Gott ist die Quelle
für die in der Bibel
niedergelegten
Prophezeiungen.

Die dunkle Macht im Kinderzimmer

Foto: Shutterstock_Koltsov

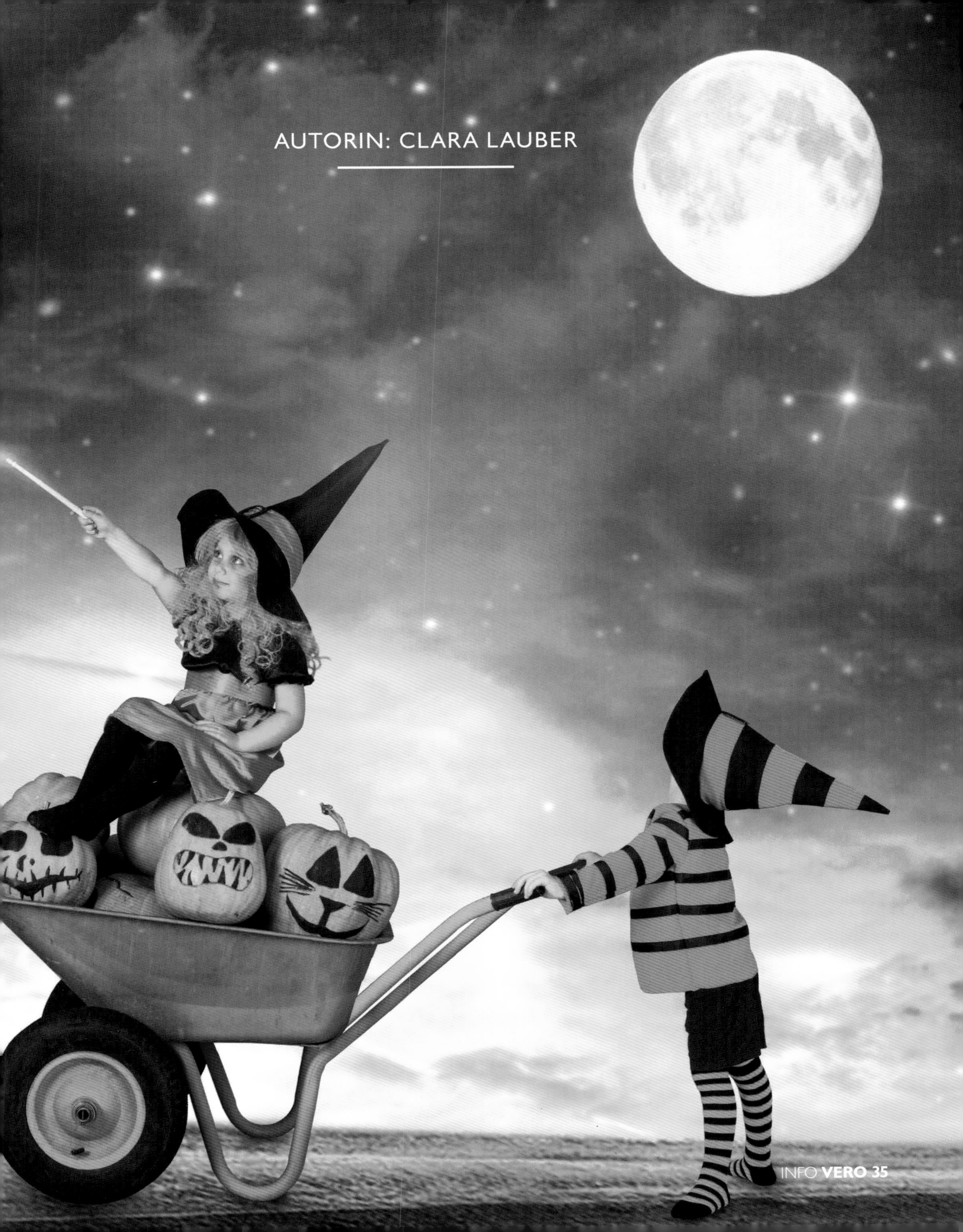

AUTORIN: CLARA LAUBER

Einblicke in ein (un)heimliches Erziehungs- programm mit ihrem Buch *Der Griff nach unseren Kin- dern.* Darin wird sehr an- schaulich er- klärt, wie die Botschaften des New Age geschickt und schlei- chend in die Herzen unserer Kinder transportiert werden.

Im Inhaltsverzeichnis finden sich Filmtitel wie z.B.: *Raumschiff Enter- prise, Star Wars, Ghostbusters – Die Geisterjäger, E.T., Bibi Blocksberg, Masters of the Universe, Transformers* usw. Auch so harmlos und nett er- scheinende Figuren wie z.B. Glücks- bärchis, Regina Regenbogen und Mein kleines Pony werden in dem Buch thematisiert.

Was soll denn schon schlimm sein an diesen niedlichen Püppchen, die mit ihren magischen Kräften ja nur „das Gute zaubern" wollen?

Die viel gerühmte Geschichte von Astrid Lindgren über die bärenstarke *Pippi Langstrumpf,* die mit ihren ma-

---

Als Betreuerin von Grundschulkindern erfährt man viel über die Probleme und Ängste der Kinder.

Unterhält man sich heute mit Kindern und Jugendlichen über die Inhalte ihrer bevorzugten Filme, PC–Spiele und Bücher, erfährt man nicht nur etwas über ihre Vorliebe für Gewaltdarstellungen und sexistische Anspielungen, sondern in zuneh- mendem Maß auch von dem Reiz des Übersinnlichen.

Okkultismus und Esoterik haben längst Einzug gehalten in unsere Kin- derzimmer.

Als langjährige Betreuerin von Grundschülern bin ich Ansprechpart- nerin für diese Kinder und erhalte da- durch Einblicke in ihre Lebenswelt. Die aus dieser Tätigkeit gesammelten Erfahrungen versetzen mich in die Lage, die Auswirkungen der Beschäf- tigung mit okkulten Praktiken beur- teilen zu können. Darüber möchte ich in diesem Artikel berichten. Um die Intimsphäre der Kinder zu schützen, schreibe ich unter einem Pseudonym.

Bereits 1988 gaben Kathrin Le- dermann und Ulrich Skambraks

Die mit übernatürlichen Kräften ausgestattete Romanfigur Pippi Langstrumpf ist in Spielzeugläden und Kinderzimmern allgegenwärtig.

gischen Kräften ein Pferd hochstemmen kann, an der Zimmerdecke entlang spaziert und sogar fliegt, kennt jedes Kind.

Bibi Blocksberg und *Die kleine Hexe* mit ihrem Raben Abraxas wollen auch nur zum Wohl ihrer Umgebung hexen. Was wird unseren Kindern hier suggeriert?

Diese beiden letztgenannten Hexen erleben gerade eine Renaissance in den aktuellen Kinofilmen. (siehe Inhaltsangaben Seite 48) Bereits im Grundschulalter oder sogar noch davor lassen sich die Kinder buchstäblich „bezaubern" von den anscheinend freundlichen Hexen

Nicht selten erleben Kinder, die mit okkulten Inhalten vertraut gemacht werden, Träume und reale Erscheinungen, die sie in panische Angst versetzen.

und wollen die Zauberkünste nach Möglichkeit gern selbst ausprobieren.

Einige Schülerinnen erzählen freimütig von ihren Versuchen, mit Hilfe eines Zauberspruchs durch einen Spiegel in die Geisterwelt einzutreten. Andere Schüler berichten von nächtlichen Geräuschen und Erscheinungen, die sie nicht einordnen können. Angst oder Neugier lassen sie auch tagsüber in der Schule nicht los, wodurch Konzentration und Leistung oft beeinträchtigt werden.

Doch dafür können die Lehrer oder Eltern ihrer Meinung nach Abhilfe schaffen mit dem Basteln von Traumfängern, die böse Geister und Albträume abhalten sollen. Zur Förderung der Konzentration wird auch oft das Malen von Mandalas eingesetzt. Und nicht zuletzt sind Fantasiereisen beliebt, die für Ruhe und Entspannung im Klassenzimmer sorgen sol-

Foto: Shutterstock_PictuLandra

Ein Träumfänger stammt aus der okkulten Kultur der Indianer. Er soll angeblich Albträume und böse Geister abhalten.

Foto: Shutterstock, Yuganov Konstantin

FANTASIEREISEN *(Auszug aus Wikipedia)*

Fantasie-, Märchen- oder Traumreisen sind imaginative Verfahren. In der Psychotherapie werden sie zum Aufspüren von innerer Kraft und Weisheit oder in der Traumtherapie zur Schaffung eines sicheren Ortes eingesetzt. Als Entspannungsverfahren wirken sie therapeutisch.

Der Ablauf einer Fantasiereise besteht üblicherweise aus fünf Teilen:

1. Vorbereitung: Schaffen einer angenehmen Atmosphäre (z.B. auch mit Anwendung ätherischer Öle und Hintergrundmusik oder Naturgeräuschen).
2. Kurze Entspannung (Ruhetönung, das Erzeugen einer leichten Trance kann von Vorteil sein).
3. Hauptteil mit (fiktiver) Geschichte (ca. 15 –30 Minuten); dabei häufige Pausen (von 10 Sek. bis 2 Min.), damit der Zuhörer Zeit hat, sich in die Bilder einzufühlen.
4. Rückkehr in die Realität durch tiefes Durchatmen, sich Strecken und Gähnen zur Kreislaufaktivierung (optional auch ohne Rückführung mit direktem Übergang in den Schlaf).
5. Gespräch oder ausdruckszentriertes Malen/ Gestalten zur Auswertung.

len (siehe Erklärung oben). Manchmal wird sogar Yoga angeboten, das von einigen Lehrern in der Freizeit selbst gern genutzt wird, um angeblich dem Schulstress gewachsen zu sein.

Alle diese genannten Praktiken gehören in den okkulten Bereich und führen die noch sehr formbaren Kinderseelen in einen magischen Strudel, aus dem sie sich später kaum noch befreien können.

Zusätzlich lesen die Schüler Bücher über Zauberer, Gespenster und übernatürliche Wesen bzw. schauen sich entsprechende Filme dazu an.

Allen voran sei hier *Harry Potter* genannt, der inzwischen eine ganze Generation geprägt hat. In dieser Fantasy-Romanreihe wird die Geschichte des Jungen Harry Potter erzählt, dessen Eltern Zauberer waren und von dem bösen Magier Lord Voldemort getötet wurden. Daraufhin wächst Harry bei Verwandten auf, bis er an seinem elften Geburtstag von seinen magischen Kräften erfährt und in das Zauber-Internat Hogwarts kommt. In verschiedenen Folgen der Bücher/ Filme kommt es immer wieder zur Konfrontation mit dem bösen Magier Voldemort und furchterregenden Monstern.

Dieses Buch wird gern von Lehrern empfohlen, um das Lesen bei Kindern wieder attraktiver zu machen. Fragt man die Kinder, warum sie so gern Gruselbücher lesen, bekommt man meistens zur Antwort, dass es so schön kribbelt und sie selbst auch

Foto: Shutterstock, verabreakmedia

Bereits in der Grundschule werden Kinder in Östliche Meditation und andere okkulte Praktiken eingeführt.

gerne zaubern lernen möchten. *Harry Potter* ist das Paradebeispiel für eine immer weiter fortschreitende Verharmlosung okkulter Praktiken und den raschen Niedergang christlicher Werte. Weil *Harry Potter* bei unserem Thema eben diese herausragende Rolle spielt, möchte ich an dieser Stelle eine ausführlichere Abhandlung des Autoren Walter Pohl einfügen, der quasi ein Experte auf dem Gebiet der okkulten Gefahren ist und ebenfalls gefährdete Jugendliche betreut.

Eine Zusammenstellung der Harry-Potter-Serie, die die Kinder direkt in die Welt der okkulten Zauberei einführt.

Foto: Shutterstock, Autor: Ivanov

Harry Potter

Der Gymnasiallehrer Klaus Rudolf Berger stellte fest: „Der Zauberlehrling des 21. Jahrhunderts ist Harry Potter, der Millionen Leser verzaubert, ohne dass sie erkennen, wozu sie der Zauber verführt. Er führt sie in die Sucht, dringend mehr von Harry zu lesen und dabei immer weiter in das Reich der Magie mit all seinen Irrungen und Wirrungen zu gelangen."[1]

Laut Carlsen-Verlag wurden allein bis zum Jahr 2013 weltweit 450 Millionen Harry-Potter-Bände verkauft, davon 30 Millionen in Deutschland. Das Buch wurde in 67 Sprachen aufgelegt. Nach einer Allensbacher Befragung von 2100 Kindern zwischen 10 – 13 Jahren in Deutschland haben 52 % *Harry Potter* gelesen, 20 % sogar alle

Joanne K. Rowling, Autorin der Harry-Potter-Bücher.

7 Bände. *Warner Brothers* sicherte sich schon früh die Filmrechte an der Buchreihe und produzierte seit 2001 etwa alle anderthalb Jahre einen neuen Film, zuletzt 2011 mit dem zweiten Teil von *Harry Potter und die Heiligtümer des Todes*. In der Liste der erfolgreichsten Filme rangieren alle bisher verfilmten Teile unter den ersten 28 Plätzen. Sie spielten zusammen über 4,4 Mrd. US-Dollar ein. Die Autorin Joanne K. Rowling hat bisher mehr als 570 Mio. britische Pfund an Honorar verdient. Sie gilt seit 2004 laut *Forbes Magazine* als Dollar-Milliardärin.

Am 05.11.2003 war in der *netzeitung* zu lesen: „Bayerns Familienministerin fürchtet, dass düstere Szenen in Harry Potter Kinder überfordern … Wenige Tage vor dem Verkaufsstart des fünften Bandes von Harry Potter hat die bayerische Familienministerin Christa Stewens (CSU) ausdrücklich vor schädlichen Auswirkungen des Romans gewarnt."[2]

Und *n-tv* schrieb am 15. Juli 2009 unter der Überschrift „Vatikan lobt Potter-Film": „Früher hatte der Vatikan die Harry-Potter-Bücher noch gerügt, doch nun kommt ausgerechnet aus Rom Lob für den jüngsten Film über den berühmten Zauberlehrling.

Zauberhut, Zauberstab und andere einschlägige Utensilien gehören zum klassischen okkulten Repertoire, das heute überall, besonders unter Kindern, vermarktet wird.

Der neue Film zeige, dass das Gute über das Böse triumphieren sollte und dabei manchmal auch Opfer gebracht werden müssten, würdigte die Vatikanzeitung *Osservatore Romano* den Streifen *Harry Potter und der Halbblutprinz*."[3]

Bei der Vermarktung wird natürlich alles angeboten, was Geld bringt: die Welt von Harry Potter in Lego, Playmobil, Harrys Ring, Zauberbesen und Zauberstab, Mützen, Hüte, Krawatten, Hogwart-Schuluniformen, Wecker, Tassen […] und ein erwähnenswertes Computerspiel *Harry Potter und der Orden des Phönix*, wo der Spieler u. a. per Gamestick die typischen Bewegungsmuster der Zaubersprüche nachzeichnen muss.

Im Zusammenhang mit Fantasy-Spielen schreibt Antholzer: „Magie und Hexerei sind Bestandteile fast aller Fantasy-Spiele. So werden schützende Inschriften, magische Kreise, Pentagramme und andere okkulte Zeichen im Sinne eines Schutzzaubers benützt. Die Praktiken der Astralreise, der Nekromantie (Kommunikation mit Toten), der Seelenwanderung, der Beschwörung und Herbeirufung von Dämonen und Teufeln, des Abschwörens (Neutralisieren oder Negieren von Zaubersprüchen und Flüchen), des Hellsehens, Hellhörens und Wahrsagens sind bei diesen Spielen ebenfalls weithin üblich […] Der Forscher Gary North schreibt dazu in einer Abhandlung: ‚Nach jahrelangem

Foto: Shutterstock_JStone

der Gefangene von Askaban schildert eingehend, wie die Kinder im Wahrsagen unterrichtet werden. Für die „schwierigste aller magischen Künste" benötigen die Schüler „das innere Auge", das in die Geheimnisse der Zukunft einzudringen vermag. Handlesen, Kristallkugel und Feuer-Omen können hierzu ebenfalls erlernt werden, wenn man genügend Aura und Medialität für die Schwingungen der Zukunft besitzt. Auf Seite 440 wird gesagt:

„Glaubst du, die Toten, die wir liebten, verlassen uns je ganz? Du weißt, er lebt weiter, Harry, und zeigt sich am deutlichsten, wenn du fest an ihn denkst."

Auch mit spiritistischen Bildern hat „Harry" kein Problem. Für ihn ist es ganz normal, dass die Personen in den Gemälden der Zauberschule ihr Bild verlassen und sich gegenseitig Besuche abstatten (Bd. 3, S.106). Im vierten Buch werden die drei Freunde „Harry", „Hermine" und „Ron" von einem „Meister" in die „Kunst der Flüche" eingeführt. Der „Imperius-Fluch" bewirkt völlige Unterwerfung, der „Crucia-tus-Fluch" qualvolles Leiden, der „Avadra-Kevadra-Fluch" führt zum Tod des Verfluchten (schwarze Magie!). Am Ende des Buches droht Harry: „Passt auf, nehmt es, oder

Fantasy-Spiele, bei denen Kinder oft Realität und Fantasie nicht auseinanderhalten können, sind laut Gary North die effektivste Einführung in den Okkultismus.

Studium der Geschichte des Okkultismus und der Abfassung eines Buches zu diesem Thema, nachdem ich Wissenschaftler aus dem Bereich der historischen Forschung zurate gezogen habe, kann ich voller Überzeugung sagen: Diese Spiele sind die wirksamste, am sorgfältigsten ausgeklügelte Einführung in den Okkultismus, die es je gegeben hat."[4]

Dagegen hält Matthias Pöhlmann von der Evangelischen Zentralstelle für Weltanschauungsfragen die „christlich-fundamentalistische" Kritik an Harry Potter für unberechtigt: „Da gibt es nichts Okkultes hineinzugeheimnissen, Harry Potter ist eine Geschichte über Freundschaft und die Auseinandersetzung von Gut und Böse."[5]

Wer sich jedoch mit dem magischen Weltbild beschäftigt, das beschreibt, wie sich die Magie selbst versteht und wie sie sich im Gegensatz zur christlichen Religion sieht, der erkennt sehr schnell, dass die Inhalte von *Harry Potter* alles andere als neutral und harmlos sind. Laut diesem Weltbild sind übernatürliche Kräfte allgegenwärtig und „nutzbar" für den Menschen. Durch die Anwendung magischer Gesetze und Rituale erlangt der Mensch Fähigkeiten und Macht, wobei der magische Mensch eine Kontaktstelle, ein Medium für übersinnliche Wesen darstellt.

Sind es also wirklich nur die „christlichen Fundamentalisten", die das Okkulte erst in die Welt von Hogwarts „hineingeheimnissen"?

Kapitel 6 von *Harry Potter und*

Schloss Hogwart, ein Zauber-Internat, in dem Harry Potter seine „Ausbildung" erhält (Studio-Modell London).

ich jage euch einen Fluch an den Hals; ich kenne inzwischen ein paar gute."[6]

Diese wenigen Beispiele zeigen, dass Rowlings Bücher sehr wohl reale Elemente aus weißer und schwarzer Magie, Mantik und Spiritismus beinhalten. Sie selbst schreibt wiederholt über schwarzmagische Szenen: „Ich habe heftig geweint, während ich es schrieb. Aber es musste sein. Man kann nicht über Gut und Böse schreiben, indem man das Böse ausspart, auch wenn man mir in Amerika Ver-

Drei Kinder-Schauspieler der Harry-Potter-Filme. Links Daniel Radcliffe, der für seine Harry-Potter-Rolle berühmt wurde.

herrlichung der Schwarzen Magie vorwerfen wird."[7]

„Ich warne alle Eltern davor, meine Bücher an Erst- und Zweitklässler zu geben, sie können die dunklen Seiten der Zauberwelt noch nicht verkraften."[8]

Der Erziehungswissenschaftler Prof. Dr. Reinhard Franzke nimmt kein Blatt vor den Mund, was die wahren Folgen der „Potter-Manie" angeht: „Die Potter-Pädagogik ist ein antihumanes Erziehungsprogramm […] Die Welt des Harry Potter ist die eiskalte Welt der Angst, des Schreckens und des Ekels, die Welt der Ekeltiere und der Horrorwesen. Die Horrorbilder und Ekelszenarien […]

können bei sensiblen Kindern Ängste, Alpträume und Depressionen auslösen. Sie können das Mitgefühl und das Mitleid abtöten, das moralische Empfinden abstumpfen lassen und die Bereitschaft zu sadistischen Gewalttaten fördern. Die Hinwendung zur Magie, zum Hexentum und zu satanistischen Praktiken kann sogar das Leben kosten. Sie kann zu schlimmen psychiatrischen Erkrankungen und zu angeblich unerklärlichen Selbstmorden oder gar Amokläufen führen."[9]

Dobby, eines der zahllosen „Ekelwesen" aus den Harry-Potter-Serien.

Ernst wird es spätestens dann, wenn Kinder Realität und Fantasy vermischen und tatsächlich in die Welt der Magie einsteigen. Manche Internetseiten werben regelrecht an:

„Tauche ein in die Welt von Harry Potter und seinen Abenteuern. Fange als Erstklässler an und zeige der Welt der Magie, dass du das Zeug hast, eine Hexe oder ein Zauberer zu sein."[10]

Von einem „Hineingeheimnissen" von Okkultem in Rowlings Zauberwelt, wie Pöhlmann argumentiert, kann also nicht die Rede sein. Ganz im Gegenteil, es ist unmöglich, beim Lesen dieser Literatur *nicht* magisches Denken und Fühlen zu erlernen.

Pastor David J. Meyer berichtet als ehemaliger Magie-Insider über das Er-

folgsgeheimnis von Joanne K. Rowling wie folgt: „Als Astrologe und Numerologe lebte ich nach den Sternen und erstellte Horoskope und Flüche. Ich lebte im geheimnisvollen Schattenreich des Okkultismus. Durch Zaubersprüche und Magie konnte ich die Kräfte des ‚herrschenden Unbekannten' heraufbeschwören und auf den Nachtwinden fliegend die Astralschicht überschreiten. Meine liebste Zeit im Jahr war Halloween, und die faszinierende Welt der Wicca-Hexerei zog mich in ihren Bann. Das war in den 60er-Jahren, als die Zauberei gerade erst anfing, sich aus der Besenkammer zu wagen.

In diesem Jahrzehnt geschah es, dass 1966 eine Frau namens J. K. Rowling geboren wurde. Diese Frau hat im Jahr 2000 mit ihren vier Büchern der ‚Harry-Potter-Serie' die Welt erobert. Diese Bücher sind als Unterhaltung verpackte Schnupper- und Lehrbücher für Zauberei. Diese vier Bücher von J. K. Rowling lehren reale Hexerei! Ich weiß das, weil ich selbst einmal tief in diese Welt eingetaucht war […]

Nachdem ich Rowlings Werke untersucht habe, kann ich als ehemaliger Hexer mit Bestimmtheit sagen, dass sie Ausbildungsbücher für Okkultismus sind. Millionen junger Leute saugen die Inhalte dieser Bücher auf und lernen dabei, wie Zauberer zu denken, zu sprechen,

sich zu kleiden und zu verhalten.

Die Kinder sind so versessen auf Harry Potter, dass sie sogar Fernsehen und Videospiele links liegen lassen, um die Zauberei-Handbücher zu lesen.

Das erste Buch der Reihe, *Harry Potter und der Stein der Weisen*, erzählt die Geschichte des Waisen Harry Potter, der eine neue Welt kennenlernt, als er auf die ‚Hogwart-Schule für Hexerei und Zauberei‘ gebracht wird. In dieser okkulten Schule lernt Harry Potter, wie man sich Hexerei-Ausstattung beschafft und sie benutzt. Harry lernt auch einen neuen Wortschatz, einschließlich Wörtern wie ‚Askaban‘, ‚Circe‘, ‚Draco‘, ‚Erised‘, ‚Hermes‘ und ‚Slytherin‘ – alles Namen von realen Teufeln oder Dämonen. Das sind keine Fantasiefiguren!"[11]

Inwieweit es durch den Zauberlehrling beim einzelnen „Magiebe-

GEISTerten" zu okkulter Belastung kommt, ist eine individuelle Frage. Fest steht, dass Internet, Computerspiele, Literatur, Filme und Fernsehen für Kinder und Erwachsene der Türöffner sein können, um später in die reale Welt der Magier und Hexen einzusteigen, die sich heutzutage ganz öffentlich präsentiert. Eine okkulte Belastung kann durch „punktuelle Befreiung" gelöst werden. Das Problem der „magischen Mentalität", also sich aus einer magischen Geisteshaltung zu lösen, ist oft schwieriger und bedarf eines längeren Heilungsprozesses. Die magische Art und Weise zu leben beginnt aufgrund des heutigen starken Einflusses der Esoterik meist schon im Kindesalter und steht konträr zum Wesen des Geistes Gottes in der Bibel. Alle esoterischen Einflüsse arbeiten dem Heiligen Geist direkt entgegen.

Der britische Regisseur John Boormander, Ehrenmitglied des British Film Institute, erklärt:

„Ich glaube, dass Filme uns die verlorene Magie wieder nahebringen können. Weil sie so sehr der Idee des Träu-

mers und der Vorstellung von Mythos entsprechen, sind Filme ein ausgezeichnetes Transportmittel, diese Gedanken zu verbreiten und zu vermitteln. [12]

Für Christen ist in dieser Hinsicht die Heilige Schrift maßgeblich, und diese warnt eindeutig davor, sich mit Esoterik und Magie zu befassen (5. Mose 18,10–12).

Walter Pohl

Quellenangaben

1   Klaus Rudolf Berger, *Harry Potter: Zauberlehrling des 21. Jahrhunderts*, S. 120.

2   www.netzeitung.de/sport/260668.html.

3   www.n-tv.de/panorama/Vatikan-lobt-Potter-Film-article412857.html.

4   Roland Antholzer, *Mächte der Bosheit*, S. 51.

5   www.spiegel.de/kultur/literatur/kritik-an-harry-potter-das-kreuz-mit-der-religion-a-494012.html.

6   www.etika.com/deutsch3/39bhpot.htm.

7   Berger, S. 34.

8   www.weg-zum-leben.de/harry.htm.

9   Reinhard Franzke, *Bildung auf Abwegen: Trends der New-Age-Pädagogik*, S. 18/19.

10 www.top-logd.com/index.php?a=stats&u=Radon.

11 www.lasttrumpetministries.org/tracts/tract7.html.

12 Zitiert in: Antholzer, S. 46.

Foto: Shutterstock_ Yuliya Evstratenko

Werbung in einer Kinderzeitschrift mit Angeboten ab 6 und 8 Jahre: „So wirst auch du zum Zauberer".

Fortsetzung Artikel Clara Lauber:

In dem von Walter Pohl genannten Abschnitt aus 5. Mose warnt die Bibel eindeutig vor allen Handlungen, die in die Richtung der Beschäftigung mit okkulten Praktiken führen:

„Es soll unter dir niemand gefunden werden, der seinen Sohn oder seine Tochter durchs Feuer gehen lässt, keiner, der Wahrsagerei treibt, kein Zauberer oder Geisterbeschwörer oder Magier oder Bannsprecher oder Totenbeschwörer oder Wahrsager oder der die Toten befragt. Denn ein Gräuel für den HERRN ist jeder, der diese Dinge tut. Und um solcher Gräuel willen treibt der HERR, dein Gott, sie vor dir aus."

Anscheinend interessiert das weder die Mehrzahl der Pädagogen noch Eltern, denn in vielen Grundschulen wird weiterhin Klassenlektüre mit Vampiren, Werwölfen, Monstern, Hexen, Gespenstern usw. gelesen. Sogar in einigen Mathematikbüchern der Grundschulen sind kleine Zauberer und Hexen abgebildet, die den Schü-

Regelmäßig werden Kinder durch die Pflichtlektüre im Unterricht oder Lesenächte in der Schule in die Welt des Okkulten eingeführt.

lern den Spaß am Rechnen vermitteln sollen. Und gläubige Eltern, die versuchen, ihre Kinder vor solchen Lerninhalten zu schützen, stoßen meistens auf Unverständnis seitens der Schule.

Manche Lehrer machen diese Themen den Schülern regelrecht schmackhaft – durch „Geisterstunden" bei Klassenfahrten, das Lesen von Gruselbüchern in der allseits üblichen Lesenacht, wobei die Kinder eine ganze Nacht in der Schule verbringen und dabei lesen und Spiele machen.

In dem Kinder-Magazin „Babsi", Ausgabe 2/2018, wird ein Gewinnspiel angeboten mit dem Titel: „So wirst auch du zum Zauberer". Bei der richtigen Beantwortung der Gewinnfrage kann man aus der „Magic"-Serie vom Kosmos-Verlag entweder einen „Magic Zauberhut" ab 6 Jahre als „Einstieg in die Welt der Magie und

Zauberei" gewinnen oder die „Zauberschule Magic Gold Edition" ab 8 Jahre mit „einer reich ausgestatteten Sammlung von Zauberutensilien".

Außerdem werden in der Schule immer wieder Anspiele und Gedichte zu „magischen" Themen einstudiert, dazu passende Bilder gemalt und entsprechende Figuren gebastelt. Besonders an Fasching und Halloween werden diese Dinge dann stolz präsentiert. Ohne weitere Nachforschungen über den Ursprung dieser Feste und dementsprechende Aufklärung im Unterricht werden solche Traditionen einfach ungeprüft und gedan-

kenlos durchgeführt. Selbst muslimische Kinder haben ihren Spaß an den schaurigen Verkleidungen.

Lediglich eine Minderheit aller Schüler sieht dem Treiben etwas skeptisch oder ängstlich zu, was jedoch durch die Begeisterung und Überredungskunst der Mehrheit meistens schnell zunichte gemacht wird.

Auch zum Thema Halloween möchte ich hier Walter Pohl mit seinen Ausführungen zu Worte kommen lassen.

HALLOWEEN

130.000 Kinderkostüme, 80.000 Erwachsenenkostüme, 200.000 Perücken, 250.000 Hexen- und andere Hüte sowie über 2.000.000 Schminksets und Ekel-Accessoires wurden von der deutschen Karnevalsbranche im Jahr 2007 verkauft. 240 Mio. Euro wurden laut *Welt online* für Halloween-Artikel ausgegeben.

„All Hallows Even" ist der Abend vor Allerheiligen, der 31. Oktober. Hintergrund sind die Figuren „Jack O'Lantern" und „Samhain". Einer irischen Sage nach wandere die ruhelose Seele von Jack dem Schmied mit einer Kürbislaterne umher, denn Jack habe bei Satan den Zugang zum Himmel als auch zur Hölle verspielt. Der Kürbis vor der Haustür dient der Abschreckung herumirrender Seelen. Samhain, Hauptgottheit der Kelten, gilt als Herr der Toten. Am Fest des Samhain, dem 31. Oktober, brachten die Druiden Opfer dar (auch Menschenopfer), denn an die-

Manche Eltern können ihre Kinder nicht früh genug in die Welt des Okkulten einführen.

sem Tag erlaubte Samhain den Seelen der Verstorbenen, zu den Lebenden zurückzukehren, um sich möglichst einen neuen physischen Körper zu erobern. Als Abwehrritual dienten schwarze Verkleidung, Kürbisfratzen, große Feuer, Tänze, Gebet für die Toten und Nahrung für Bittsteller („Süßes oder Saures").

Bewertung aus Sicht der Seelsorge: Der Kinderspruch „Süßes, sonst gibt's Saures" (wenn ich etwas haben will, muss ich es erzwingen) ist sicherlich keine gute Pädagogik. Aber das ist noch der harmloseste Aspekt von Halloween. Der französische Bischof Jean Bonfils von Nizza warnt, es sei das höchste Fest der Satanisten in aller Welt, und die damit verbundenen Riten haben nichts mit der christlichen Kultur gemein.

Mit diesem Hintergrundwissen wird es einem Christen schwerfallen, sich mit Halloween anzufreunden.

Jörg Kuhn, TV-Redakteur in Wetzlar, schreibt:

„An Halloween geht man meist ‚spielerisch' mit dem Teufel und den Geistern um. Doch es stehen auch

übernatürliche Mächte dahinter, mit denen niemand spielen kann. Ich habe als Jugendlicher den Teufel als reale Macht erlebt, die mir anfangs nützlich schien, mich dann aber fast zerstört hat. Ich kriegte eine Angst wie noch nie im Leben. Und aus Furcht vor einer weiteren Erscheinung wagte ich mich in keinen dunklen Raum mehr."

Die größte Gefahr für Kinder und Jugendliche bei allen Formen der Esoterik liegt in der Sensibilisierung für die Welt des Magischen. Die Faszination des Übersinnlichen beginnt ganz harmlos und kann schließlich zur Sucht werden. Der Sog hinein in die Welt der Magie ist wie der Sog in einen Trichter, in dem es immer enger und der Weg zurück immer schwieriger wird. Der Seelsorger und Diplom-Psychologe Roland Antholzer schreibt dazu:

„Prof. Johannes Mischo resümiert in einer im März 1988 veröffentlichten Studie über ‚Okkultpraktiken Jugendlicher', dass sich unter den Jugendlichen eine geradezu epidemische Ausbreitung der Droge Okkultismus abzeichne. Der Umgang mit dieser ‚neuen Droge', warnt Mischo, sei für die Jugendlichen durchaus nicht ungefährlich: Unkontrollierte Kontakte mit dem Übersinnlichen könnten regelrecht süchtig und abhängig machen."

Walter Pohl

Foto: Shutterstock, Tuna Vasileva / Alexander Raths

Quellenangaben

1 Nachrichten.freenet.de/wissenschaft/ paranormal/kirchenzeitschrift-Halloween_1108470_533376.html.

2 „Halloween", Perspektive life (Stiftung Marburger Medien).

3 Roland Antholzer, Mächte der Bosheit: Okkultbedrohung und Seelsorge, S. 12.

Foto: Shutterstock_Siberia Video and Photo

die entsprechende Filmmusik mit der Zeit Auswirkungen auf das Frontalhirn, sodass dessen Funktion unterdrückt wird. Anders gesagt, der Teil des Gehirns, in dem das moralische Unterscheidungs- und Urteilsvermögen lokalisiert ist, ist nicht mehr aktiv, sodass böse Mächte leichtes Spiel haben, Einfluss auf den Menschen zu nehmen. Wahrhaftig ein Teufelskreis.

Viele Kinder, Jugendliche und Erwachsene sind der festen Überzeugung, dass es Geister und unsichtbare Wesen gibt, die uns entweder wohl oder übel gesonnen sind und über die man mit dem entsprechenden „Know-how" verfügen kann. Bibelgläubige Menschen wissen, dass es diese bösen Mächte tatsächlich gibt. Aber wir können nicht über sie verfügen! Im Gegenteil, wir sollten alles tun, um uns und unsere Kinder vor ihnen zu schützen.

Die Esoterik bietet ein breites Spektrum an angeblich „heilenden" oder „schützenden" Gegenständen

Fortsetzung Artikel Clara Lauber:

Der Gruppendruck, der Einfluss durch die Medien und die Gleichgültigkeit in Schule und Elternhaus lassen eine Generation heranwachsen, die immer mehr abstumpft, wodurch der Weg geebnet wird für Manipulationen jeglicher Art.

Spricht man die Problematik als überzeugter Christ an, wird man spöttisch belächelt oder als Außenseiter abgestempelt, was nicht selten zu Mobbing führt. Doch können oder sollen Christen wirklich tatenlos zusehen, angesichts der großen Gefahr, in der sich unser Nachwuchs befindet? Ganze Industriezweige profitieren von den okkulten Auswüchsen. Es gibt kaum ein Kinderzimmer, in dem man nicht das passende Spielzeug zu den oben genannten Filmen und Büchern entdecken kann.

Besonders beliebt bei den Jungen sind Utensilien von *Star Wars* und

Schon in der Grundschule stehen die Kinder unter dem Gruppendruck der anderen Schüler, der Medien und der Lehrkräfte, die eine bestimmte Agenda verfolgen.

ähnlichen Geschichten. Die Außerirdischen mit der hellen und dunklen Seite der „Macht" sowie alle möglichen merkwürdigen Gestalten aus einer anderen Welt, die meistens ziemlich hässlich sind, üben eine besondere Anziehungskraft auf Kinder und Jugendliche aus. Neben Lichtschwertern, Masken, T-Shirts und sonstigen Symbolen aus der „anderen Welt" ist es möglich, für seine Sprösslinge den gesamten Schulbedarf mit den entsprechenden Aufdrucken zu kaufen.

Aber es geht nicht nur um die Inhalte und die Gruselbilder, sogar die Musik spielt eine Rolle. Laut einer Studie aus den USA von Dr. Neil Nedley und anderen Wissenschaftlern hat

Foto: Shutterstock_Levent Konuk

Zwei miteinander kämpfende Figuren aus „Star Wars", Darth Vader und Luke Skywalker, als Legofiguren.

an, die teilweise ebenfalls mit in die Schule gebracht werden. Mancher Erstklässler geht nicht ohne seinen „Talisman" aus dem Haus, und in den höheren Klassen wird ohne „Glücksbringer" keine Arbeit geschrieben. Man versucht hier nichts anderes, als

Viele Eltern in der heutigen Zeit sind so ignorant, dass sie es „niedlich" finden, wenn ihre Kinder als Hexe mit Zauberbuch und Zauberstab auftreten.

das Böse mit dem Bösen zu bekämpfen.

Okkultismus und Esoterik sind heute zur Normalität geworden und

Aggressivität bei Kindern ist nur eine der bedrohlichen Auswirkungen durch die Reizüberflutung und Beschäftigung mit dem Okkulten.

werden kaum hinterfragt. Betrachtet man nun aufmerksam und kritisch die Entwicklung in den letzten Jahren bei den Kindern und Jugendlichen

im Zusammenhang mit der ständigen Reizüberflutung, die in der Regel auch noch körperliche Symptome wie z.B. ADHS (Aufmerksamkeits-Defizit-Hyperaktivitäts-Störung), häufige Kopfschmerzen und Schlafprobleme hervorruft, dann sollten alle Alarmglocken klingeln.

In der Bibel weist Gott deutlich auf den Einfluss dämonischer Mächte hin (Epheser 6,12): „ Denn wir haben nicht mit Fleisch und Blut zu kämpfen, sondern mit Mächtigen und Gewaltigen, nämlich mit den Herren der Welt, die in dieser Finsternis herrschen, mit den bösen Geistern unter dem Himmel."

Gottes Rat in Sprüche 4,23 sollte uns eine Mahnung sein: „Behüte dein Herz mit allem Fleiß, denn daraus quillt das Leben."

Clara Lauber schreibt unter einem Synonym. Sie arbeitet als Grundschul-Betreuerin und hat umfassenden Einblick in die Lebenswelt von Kindern.

AUTOR: DAVID READ

DIE EISZEIT –
eine Auswirkung

Foto: Shutterstock: Zakirov

der Sintflut

Einer der stärksten Beweise dafür, dass die in der Bibel beschriebene weltweite Flut tatsächlich ein historisches Ereignis war, ist die darauf folgende Eiszeit, die auf der ganzen Welt deutliche Spuren hinterlassen hat.

Entdeckung der Eiszeit

„Ich hoffe, dass dieser Wahnsinn ein Ende nimmt, bevor ich sterbe", schrieb Louis Agassiz, wobei sich „der Wahnsinn" auf den Darwinismus bezog. Agassiz war einer der letzten Naturforscher von unbestritten hohem Ansehen, der niemals seine Zustimmung zu Darwins Evolutionstheorie gegeben hatte. Agassiz war 1807 in der Schweiz als Sohn eines protestantischen Pastors geboren worden. Er studierte an vier verschiedenen europäischen Universitäten und erwarb sich Doktortitel im Bereich Medizin und Philosophie. In Paris studierte er vergleichende Anatomie unter dem berühmten Georges Cuvier, wobei er sich auf die Ichthyologie spezialisierte – die Erforschung von Fischen. Cuvier hatte geplant, eine wissenschaftliche Abhandlung über Fischfossilien zu schreiben, aber er war so beeindruckt von Agassiz, dass er ihm seine Dokumentationen und Zeichnungen zu diesem Thema übergab. Nach dem Tod von Cuvier nahm Agassiz eine Stelle an der Universität von Neuchâtel/Schweiz an, wo er 14 Jahre lang lehrte und eine Abhandlung über fossile Fische veröffentlichte, welche zur Grundlage seiner wissenschaftlichen Reputation wurde.

In Neuchâtel begann Agassiz mit der Erforschung eines Themas, das keinerlei Bezug zu Fischen hatte: Gletscher. Ein anderer Schweizer Wissenschaftler, Jean de Charpentier, hatte die These aufgestellt, dass Gletscher früher einmal eine viel größere Ausdehnung gehabt hatten als heutzutage. Agassiz war skeptisch, aber als er in Bex/Schweiz, der Heimatstadt von Charpentier, seinen Sommer verbrachte, zeigte ihm sein Kollege die Beweise für die großflächige Vergletscherung in der Vergangenheit. Agassiz stürzte sich daraufhin auf die Er-

Das Agassizhorn (Bildmitte) in den Berner Alpen erhielt seinen Namen zu Ehren von Louis Agassiz, dem „Entdecker" der Eiszeit. Auch viele andere Landschaften und Tiere wurden nach ihm benannt.

Foto: wikipedia

forschung der Gletscher. Um Zeit zu sparen, schlug er seine Zelte direkt auf einem Gletscher auf, indem er eine Hütte ausbaute, die später unter dem Namen „Hôtel des Neuchâtelois" bekannt wurde. Von hier aus untersuchten er und seine Studenten die Zusammensetzung und Bewegungen des Eises.

1840 veröffentlichte Agassiz seine *Études sur les Glaciers*. In diesen „Gletscher-Studien" argumentierte er, dass nicht nur die Schweiz, sondern viele andere Regionen früher einmal von riesigen Eisplatten bedeckt waren. Er schrieb: „Große Platten von Eis, ähnlich denen, wie sie heute in Grönland existieren, bedeckten in der Vergangenheit alle die Länder, in denen man

ungeschichteten Schotter findet." Es geht hierbei um das von Gletschern transportierte Gesteinsmaterial (von Sand bis zu riesigen Gesteinsbrocken).

Agassiz zeigte auf, dass Gletscher charakteristische geologische Spuren hinterlassen. Die Folgen zeigen sich beispielsweise in U-förmigen Tälern. Gletscher transportieren große Felsbrocken („Findlinge" genannt), die weit weg von ihrem Ursprungsort abgelagert werden. Sie führen auch lockere Erde und gröberes „Geschiebe" wie kleine Kieselsteine (Schotter) mit sich, welches sie dann in ungeschichteten Hügelketten, Moränen genannt, aufhäufen. Sogenannte Seitenmoränen bilden sich seitlich entlang der Gletscherbahn. Endmoränen (oder Stirnmoränen) sind am äußersten Punkt zu finden, bis zu dem ein Gletscher vorgedrungen ist. Während Gletscher sich über den Felsuntergrund fortbewegen, wird dieser ab-

geschleift und es bleiben Kratzer und Furchen zurück, die man „Streifung" nennt. Es gibt noch viele andere geologische Spuren der Vergletscherung, die unter solch exotischen Bezeichnungen wie „Kar", „Os" und „Drumlin" bekannt sind.

Obwohl auch führende Geologen wie William Buckland und Charles Lyell die Gletscher-Theorie von Agassiz mit unterstützten, gewann sie nur sehr langsam an Akzeptanz. Erst Mitte der 1860-er Jahre erfuhr sie eine breite Annahme. Agassiz begann, an der Harvard-Universität Vorlesungen zu halten, wo er das nach ihm benannte Museum für vergleichende Zoologie gründete. Er spielte auch eine entscheidende Rolle bei der Gründung der Nationalakademie

Findlinge sind von Gletschern transportierte große Felsbrocken. Hier in der Region Kaschubien/Polen.

Der Unteraar-Gletscher, den Agassiz für seine Gletscherstudien erforschte.

Endmoräne bei Schwiggerow in Mecklenburg.

der Wissenschaften in den USA und gehörte zur Leitung des Smithsonian Institute. Er heiratete eine prominente Frau aus Boston, Elizabeth Cabot Cary, und unterrichtete weiterhin die klügsten Studenten der Wissenschaft bis zu seinem Tod im Jahre 1873, ohne dass sein Traum, dass der „Wahnsinn des Darwinismus" bis dahin aufgehört hätte, in Erfüllung gegangen war.

Gletscher bedeckten in der Vergangenheit ganz Kanada und einen erheblichen Teil der Vereinigten Staaten. Die vergletscherten Bereiche schlossen Neuengland ein und zogen sich bis zum nördlichen New Jersey, dem Nordosten Pennsylvanias und dem Mittleren Westen. Auch der größte Teil von Wisconsin, Illinois, Indiana, Ohio und Missouri sowie der gesamte Bereich von Minnesota, Michigan und Iowa waren gletscherbedeckt. Die Eisschicht dehnte sich auch nach Westen hin aus und bedeckte Teile von Nord- und Süd-Dakota so-

Gletscher hinterlassen auf dem Untergrund häufig Kratzer und Rillen, die „Streifung" genannt werden.

wie den nördlichen Bereich der Staaten Montana, Idaho und Washington.

Man stelle sich das Ausmaß der Katastrophe vor, wenn sich die Eiszeit in dieser Ausdehnung wiederholen würde und die Städte Boston, New York, Cleveland, Detroit, Indianapolis, Chicago, Minneapolis, Milwaukee, Montreal und Quebec mit dicken

Eisschichten bedeckt wären, so wie es in der Vergangenheit an diesen Örtlichkeiten der Fall war. Allerdings können wir davon ausgehen, dass sich die Eiszeit niemals wiederholen wird, weil sie offensichtlich Teil der direkten Nachwirkungen der biblischen Sintflut war.

Gängige Erklärungen für die Eiszeit nicht befriedigend

Es gibt für die Eiszeit keine überzeugende Erklärung von Seiten des Aktualismus – der auf der Basis des Uniformitätsprinzips beruhenden konventionellen Geologie. Man hat bereits mehr als 60 unterschiedliche

Theorien vorgeschlagen. Keine war bisher befriedigend, und die meisten sind inzwischen verworfen worden.[1] Charlesworth schrieb dazu: „Pleistozän-Phänomene haben einen regelrechten Aufruhr von Theorien ausgelöst, angefangen von einer vagen Möglichkeit über sich gegenseitig widersprechende Thesen bis hin zu offenkundig unzulänglichen Theorien."[2]

Charles Lyell vertrat die Theorie, dass vertikale Bewegungen der Erdkruste Eiszeiten verursachen. Er meinte, dass eine allgemeine Zunahme der Landanhebung einen Abfall der Temperaturen bewirken würde, weil die Atmosphäre in größeren Höhenlagen kälter ist. Aber Lyells Theorie wurde verworfen.

Die gegenwärtig gängige Erklärung ist die astronomische Theorie, die 1864 von James Croll – einem Hausmeister an einem College in Glasgow/Schottland – eingebracht wurde und von dem serbischen Wissenschaftler Milutin Milankovic (1879–1958) in den 1920-ern und 1930-ern umfassend überarbeitet wurde. Die Milankovic-Theorie verband drei Himmelsphänomene miteinander, um das kühlere Wetter zu erklären: 1.) zyklische Veränderungen in der Exzentrität der Erdbahn um die Sonne, 2.) kleine Variationen in der Neigung der Erdachse in Relation zur Ebene der Umlaufbahn um die Sonne und 3.) die Richtungsänderung der Kreiselbewegung der Erdachse (Präzession).

Der Exit-Gletscher in Alaska.

Foto: wikipedia

Foto: Shutterstock, Angela Harburn

Plattentektonische Verschiebungen und durch Vulkanausbrüche verursachte Verdunkelung der Sonneneinstrahlung sind wichtige Faktoren der Eiszeit.

In den 1950-er Jahren fiel die Milankovic-Theorie in Ungnade, teilweise, weil sie Daten für Gletschervorstöße und -rückgänge festgelegt hatte, die mit der C-14-Datierung nicht korrelierten. Bis 1969 hatte die weit überwiegende Mehrheit der Wissenschaftler die These verworfen.[3] Aber in den späten 1970-ern wurde sie – dank der entschlossenen Bemühungen etlicher einflussreicher Wissenschaftler – wieder ausgegraben. Das lag ganz einfach daran, dass niemand eine bessere naturalistische Erklärung liefern konnte.[4]

Die Milankovic-Theorie prognostiziert einen leichten Rückgang der Sonneneinstrahlung in höheren Breitengraden. Dies ist schlicht und einfach keine hinreichende Erklärung für einen derart tiefgreifenden Umbruch im Wetter. Die Sonneneinstrahlung ist nur eine der möglichen Quellen zur Erwärmung der höheren Breitengrade und wohl nicht einmal die wichtigste. Meeresströmungen stellen ebenfalls eine entscheidende Wärmequelle für die höheren Breitengrade dar. Beispielsweise transportiert der Golfstrom im Atlantik warmes Meereswasser aus den Tropen zur nördlichen

Oberflächentemperatur im westlichen Nordatlantik. Nordamerika erscheint schwarz und dunkelblau (kalt), der Golfstrom rot (warm).

Erdhalbkugel hin, wo die Wärme an die Atmosphäre abgegeben wird und so zu der Erwärmung Nordamerikas

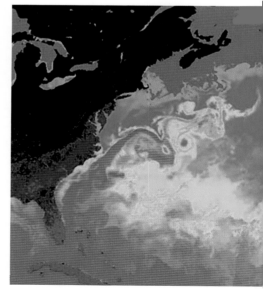

und besonders Großbritanniens und Nordeuropas beiträgt. Einige Klimawissenschaftler glauben, dass die sogenannte „Kleine Eiszeit" – eine Periode niedrigerer Durchschnittstemperaturen in der Zeit zwischen der Mitte des 14. Jh. bis zur Mitte des

Das Gemälde „Eisvergnügen" von Hendrick Avercamp zeigt Menschen auf einem zugefrorenen Kanal in den Niederlanden im kalten Winter 1608. Heute dagegen sind die Kanäle im Winter meist eisfrei. Künstlerische Darstellungen solcher Szenen sind nur aus der Zeit zwischen 1565 und 1640 bekannt, während der sogenannten „Kleinen Eiszeit".

19. Jh. – durch eine Störung des Golfstroms ausgelöst wurde.[5]

Die Eiszeit verlangt eine viel bessere Erklärung als nur einen leichten Rückgang der direkten Sonneneinstrahlung in den höheren Breitengraden, und die etablierte Wissenschaft hat eine derartige Erklärung bisher nicht vorlegen können. Oard schrieb: „Eine Eiszeit unter dem Uniformitäts-

prinzip ist ganz offensichtlich meteorologisch nicht möglich. Und die Vorschläge zur Lösung des Problems sind unzureichend." Er zitiert den angesehenen Astronomen Sir Fred Hoyle: „Wenn ich behaupten würde, dass man die äußeren Bedingungen für eine Gletscherentstehung dadurch schaffen könnte, dass man in einen Raum, der im Winter großzügig mit aufgeheizten Nachtspeicheröfen ausgestattet ist, einfach nur einen Eiswürfel legt, dann wäre diese These nicht unwahrscheinlicher als die Milankovic-Theorie."[6]

Die kreationistische Theorie der Eiszeit

In den letzten Jahren haben Kreationisten, insbesondere Michael Oard, eine alternative Erklärung für die Eiszeit entwickelt. Erste Feststellung: eine Eiszeit würde keine kälteren Winter erfordern. Tatsache ist sogar, dass kältere Luft der Bildung von Gletschern entgegenwirkt, weil Gletscher aus Schnee entstehen und kältere Luft nicht so viel Feuchtigkeit halten und folglich nicht so viel

Schnee als Niederschlag produzieren kann. Einer der kältesten Orte auf dieser Erde ist Sibirien, und es gibt dort keinerlei Gletscher.

Die Bildung der riesigen Gletscher der Eiszeit erforderte 1.) deutlich mehr Schnee; und 2.) kühlere Sommer, sodass die Gletscher nicht jeden Sommer wieder schmelzen würden und die Bildung von vorn anfangen müsste. Das kreationistische Modell kann beide Bedingungen liefern.

A. Höherer Niederschlag

Die erste Erfordernis für eine Eiszeit ist ein stärkerer Schneefall. Das ist der schwächste Punkt der Milankovic-Theorie: Sie enthält keinen Mechanismus, der den erforderlichen Niederschlag produziert. Im kreationistischen Modell ist der erhöhte Schneefall und der allgemein höhere Niederschlag eine Folge der stärkeren Verdunstung aus den Ozeanen, welche während der Zeit direkt nach der Großen Flut eine erheblich höhere Temperatur hatten.

Obwohl Kreationisten schon lange den Standpunkt vertreten haben, dass die Meere vor der Sintflut wärmer als die heutigen Ozeane waren, kommt hinzu, dass die Große Flut das Wasser noch weiter aufheizte. In 1. Mose 7,11 wird gesagt, dass zu Beginn der Flut „alle Quellen der großen Tiefe aufbrachen", was darauf schließen lässt, dass aus Spalten oder Rissen in der Erde Wasser emporschoss. Wenn man davon ausgeht, dass dieses Wasser aus sehr tiefen Erdschichten kam, dann bedeutet das, dass es heiß war, denn mit jedem Kilometer an Tiefe nimmt die Erdtemperatur um 20 bis 30°C zu. Die Temperatur von unterirdischem Wasser kann heute in den hydrothermalen Quellen entlang den mittelozeanischen Rücken bis zu 350°C heiß sein.[7]

Die Theorie der katastrophischen Plattentektonik liefert eine unabhängige Erklärung für die Erhitzung der

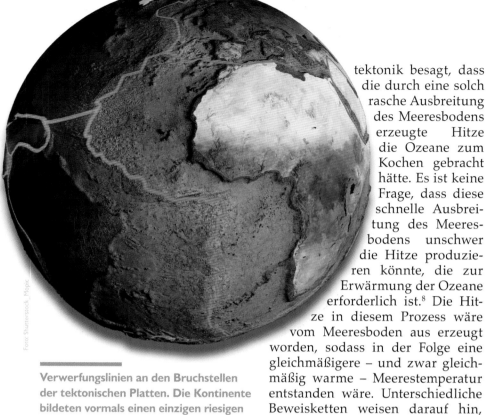

Verwerfungslinien an den Bruchstellen der tektonischen Platten. Die Kontinente bildeten vormals einen einzigen riesigen Superkontinent (Pangaea).

Ozeane während der Großen Flut. Geschmolzenes Magma brach sehr schnell aus den Unterwasser-Hügeln hervor und bildete an den Stellen, wo die Kontinente auseinanderdrifteten, den neuen Meeresboden. Das Meerwasser muss während dieses Prozesses der Abkühlung dieser neu geformten Meeres-Basaltböden enorme Mengen an Hitze absorbiert haben. Eine Kritik an dieser Theorie der katastrophischen Platten-

tektonik besagt, dass die durch eine solch rasche Ausbreitung des Meeresbodens erzeugte Hitze die Ozeane zum Kochen gebracht hätte. Es ist keine Frage, dass diese schnelle Ausbreitung des Meeresbodens unschwer die Hitze produzieren könnte, die zur Erwärmung der Ozeane erforderlich ist.[8] Die Hitze in diesem Prozess wäre vom Meeresboden aus erzeugt worden, sodass in der Folge eine gleichmäßigere – und zwar gleichmäßig warme – Meerestemperatur entstanden wäre. Unterschiedliche Beweisketten weisen darauf hin, dass die Temperatur des Wassers am Meeresboden am Ende der Flut und zu Beginn der Eiszeit sehr warm war.

Graphische Darstellung des Wasserzyklus auf der Erde. Die Verdunstungsrate und somit Niederschlagsmenge hängt von der Wärme des Oberflächenwassers ab.

Oard zitiert aus einem Artikel der Nationalakademie der Wissenschaften: „Sauerstoffisotope und andere Daten verweisen auf die überraschende Schlussfolgerung, dass der tiefe Ozean während des größten Teils der letzten 100 Millionen Jahre viel wärmer war als heute."[9] Die „letzten 100 Millionen Jahre" beziehen sich nach dem evolutionistischen Verständnis der konventionellen Geochronologie auf die Periode von der Kreidezeit bis einschließlich des Pleistozäns. Auf ein kreationistisches Modell bezogen ist dies die Zeit der späten Mitte der Flut bis einschließlich der frühen nachsintflutlichen Jahrhunderte (vor einigen 1000 Jahren). Einige Wissenschaftler haben die Temperatur am Meeresboden als bis zu 13°C während des frühen Tertiärs veranschlagt, während es in der späten Kreidezeit noch wärmer gewesen sein soll. Zwar ist dies schon deutlich wärmer als unsere Ozeane heute, aber Oard glaubt, dass das Meerwasser während der Flut noch wärmer war.[10]

Warmes Wasser verdunstet viel schneller als kaltes Wasser. Die Verdunstungsrate hängt von der Tem-

peratur des Oberflächenwassers ab. Beispielsweise ist die Verdunstungsrate bei einer Temperatur der Meeresoberfläche von 30°C mehr als dreimal so hoch wie bei einer Temperatur von 10°C und mehr als siebenmal so groß wie bei einer Temperatur von 0°C. (Gegenwärtig liegt die Meeres-Durchschnittstemperatur bei 4°C, aber in der Tiefe des Meeres liegt die Temperatur knapp über dem Gefrierpunkt, während das Oberflächenwasser durchschnittlich 17,5 Grad warm ist).

Die höhere vulkanische Aktivität nach der Flut wurde durch die tektonischen Plattenbewegungen beim Auseinanderdriften der Kontinente bewirkt.

Die hohe Verdunstungsrate aus den wärmeren Meeren direkt nach der Sintflut führte zu einem höheren Niederschlag. (Kalifornier kennen das von den Auswirkungen des „El Niño", diese wärmere Wasserströmung, die alle drei bis sieben Jahre in den östlichen Pazifik fließt und ein viel feuchteres Wetter produziert). Oard schätzt, dass der durchschnittliche Niederschlag über den Kontinenten der mittleren und hohen Breitengrade mindestens dem dreifachen der heutigen Rate entsprochen hat. Larry Vardiman, ein promovierter Atmosphärenwissenschaftler, hat eine Computersimulation erstellt über die Menge des Niederschlags, der aus der Erhitzung des Meerwassers während

einer sehr schnellen Bildung eines neuen Ozeanbodens resultieren würde. Seine Computersimulation prognostizierte eine Niederschlagsverteilung, die genau identisch war mit der tatsächlichen Verbreitung von Schnee und Eis während der Eiszeit.[11]

B. Kühlere Sommer

Die zweite Erfordernis für eine Eiszeit sind viel kühlere Sommer, und diese kamen zustande durch die höhere vulkanische Aktivität in den ersten Jahrhunderten nach der Flut. Die moderne Sicht über vulkanische Aktivität besagt, dass sie zu einem großen Teil durch die Plattenbewegung hervorgerufen wird. Vulkane haben die Tendenz, besonders gehäuft ent-

Foto: Shutterstock_Romolo Tavani

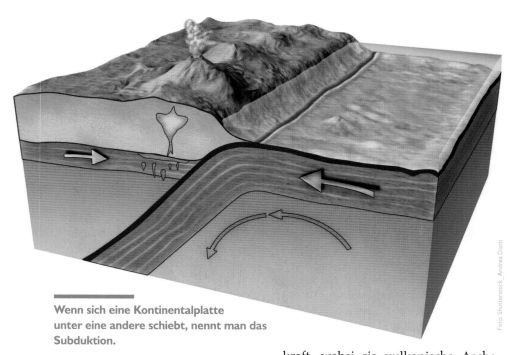

Wenn sich eine Kontinentalplatte unter eine andere schiebt, nennt man das Subduktion.

lang tektonischen Plattenrändern und entlang Unterwasser-Hügeln aufzutreten. Die meisten der aktiven Vulkane weltweit sind in der Nähe der Grenzflächen von konvergierenden Platten lokalisiert, wo sich eine Platte unter die andere schiebt und tief in den Erdmantel abtaucht (Subduktion), besonders im Bereich des pazifischen Beckens.

In der Theorie der katastrophischen Plattentektonik war die Plattenbewegung extrem stark während des Erdmittelalters (Mesozoikum) und späterer Stadien der biblischen Flut. Während dieser Zeit wurden riesige Gebiete von neuem Meeresboden gebildet, welche die Kontinentalplatten Nord- und Südamerikas von denen Europas und Afrikas abtrennten. Man würde erwarten, dass es Hinweise eines hyperaktiven Vulkanismus während der Flut und während der ersten nachsintflutlichen Jahrhunderte gibt – und das ist genau das, was wir vorfinden.

Vulkane dieser Subduktions-Zone, wie Mount St. Helens in Washington und der Vulkan Pinatubo auf den Philippinen, haben typischerweise Ausbrüche mit gewaltiger Explosions-

kraft, wobei sie vulkanische Asche und Staub hoch in die Atmosphäre schleudern. Die jüngere Tertiärphase der Sintflut war Zeuge zahlreicher explosiver Ausbrüche von kegelförmigen Vulkanen.[12] Zusätzlich zu dem Auswurfmaterial (Ejekta) der Kegelvulkane flossen gigantische Ströme von Lava aus den Erdspalten, die durch Risse in der Erdkruste und das Zerbrechen der Kontinente eröffnet worden waren. Diese Eruptionen aus Erdspalten, allgemein als Flutbasalte bezeichnet, spuckten Aerosole (Gas mit Schwebeteilchen) in die obere Atmosphäre. (Weitere Erklärung siehe Box Seite 62-63) Es ist gut möglich, dass als die Welt aus der Flut wie-

der auferstand, der Himmel von der vulkanischen Asche und den Schwebeteilchen ganz dunkel war. Interessanterweise gibt es etliche Sintflut-Legenden, in denen berichtet wird, dass der Himmel sich verdunkelte.

Die erhöhte vulkanische Aktivität hielt bis in die Zeit des Pleistozäns an – die nach-sintflutliche Welt der Eiszeit. Weltweite Untersuchungen der vulkanischen Ascheschichten in Tiefsee-Sedimenten zeigen, dass es während des Pleistozäns eine erhöhte Vulkanaktivität gab. Ein großer Teil der vulkanischen Aktivität während der Eiszeit entsprach dieser explosiven Variante, wo riesige Mengen an Asche und Aerosolen in die obere Atmosphäre geschleudert wurden.[13] Allein im Westen der USA sind mehr als 68 Asche-Regen gezählt worden, die zeitlich mit dem Pleistozän zusammenfallen.[14] Ein außergewöhnlich großer Ausbruch während dieser Zeitperiode in Neuseeland verbreitete im Südpazifik eine deutlich unterscheidbare Ascheschicht über einen Bereich von zehn Millionen Quadratkilometern. Die Menge an Staub und Aerosolen, die von den größten

Die Trennung zwischen den Kontinentalplatten Nordamerikas und Europas ist auf Island noch deutlich sichtbar.

dieser Eruptionen in die Atmosphäre geworfen wurde, hätte den größten Teil des Sonnenlichts auf dem gesamten Planeten blockiert.[15]

Den Annahmen von Lyell zufolge traten diese Ausbrüche in Abständen von Hunderten und Tausenden von Jahren auf, über einen Zeitraum von Millionen von Jahren verteilt, womit deren Auswirkungen auf das Klima der Erde auf ein Minimum reduziert wären. Wenn aber all diese Ausbrüche entsprechend dem kreationistischen Modell innerhalb weniger hundert Jahre passierten, hätte dies

drastische Auswirkungen auf das Weltklima. Der Staub und besonders die Aerosole, die die Vulkane in die obere Atmosphäre hinausschleudern, bewirken, dass deutlich weniger Sonneneinstrahlung die Erde erreicht, wodurch die Temperaturen absinken. Die Auswirkungen sind identisch mit dem Szenario eines „nuklearen Winters", das in den Jahren des Kalten Krieges häufig diskutiert wurde.

Der Kühlungseffekt von Vulkanausbrüchen ist unumstritten. Vulkanausbrüche haben in der Ver-

Große Mengen von Asche und Aerosolen sorgen bei Vulkanausbrüchen für eine Einschränkung der Sonnenstrahlung und Verdunkelung des Himmels.

gangenheit erhebliche Abkühlung verursacht. Der Ausbruch des indonesischen Vulkans Tambora im Jahr 1815 bewirkte, dass die Durchschnittstemperatur weltweit um 3°C absank, sodass 1816 als „das Jahr ohne Sommer" in die Geschichte einging. Neuengland und Kanada erlebten eine noch nie dagewesene Serie von Kälteeinbrüchen, mit starken Schneefällen im Juni und Ernteausfüllen, die durch Frost im Juli und August ausgelöst wurden.[16] Der Ausbruch des Krakatoa im Jahre 1883 bewirkte einen ähnlichen Abfall der Durchschnittstemperaturen weltweit, wenn auch die Auswirkungen nicht ganz so schwerwiegend waren.

„Nuklearer Angriff auf New York". Beim hypothetischen „nuklearen Winter" wird die Sonnenstrahlung genauso unterdrückt wie bei Vulkanausbrüchen.

Foto: Shutterstock, Budkov Denis

Ein Modell, bei dem sämtliche Vulkanaktivität des Pleistozäns in einen Zeitraum von wenigen hundert Jahren zusammengeschoben wurde, prognostiziert eine beträchtliche Abkühlung der Sommer, sodass die Gletscher in der Sommerzeit nicht jedes Mal wieder abschmelzen würden. Die Schlussfol-

Gigantische Lavaströme flossen nach der Sintflut aus den Erdspalten, die durch das Zerbrechen der Kontinente eröffnet worden waren.

FLUTBASALTE

Das Columbia-Plateau von Oregon und Washington ist eins der Beispiele eines sogenannten Lavaplateaus (auch Flutbasalt genannt), das aus Eruptionen von Spaltenvulkanen entstanden ist. Man spricht auch von einer magmatischen Großprovinz. Die einzelnen Lavaströme auf dem Columbia-Plateau bewegten sich größenmäßig zwischen einer Dicke von 30 bis 150 Metern. Und an einigen Stellen hat sich eine Masse mit einer Dicke von knapp fünf Kilometern angesammelt. Früher glaubte man, dass die Spaltenvulkan-Eruptionen kein großes Volumen an Asche und Aerosolen produzierten. Aber die Magmen dieser Lavaplateaus enthalten große Mengen gelösten Schwefels,

und man weiß heute, dass Schwefelsäure-Aerosole, die aus schwefelhaltigen flüchtigen organischen Stoffen wie Schwefeldioxid bestehen, in die Stratosphäre ausgeworfen werden konnten, was einen langanhaltenden trockenen Dunst bewirkt hätte.[A]

In einem Artikel über diese Spaltenvulkane ist zu lesen: „Es ist lange behauptet worden, dass Basaltaus-

Ausbruch eines Spalten-Vulkans mit Lavastrom.

Foto: wikipedia

gerung ist, dass das kreationistische Eiszeit-Modell sowohl die höheren Niederschläge als auch die kühleren Sommer bietet, welche die Voraussetzung sind für die Bildung der massiven Gletscher während der Eiszeit.

Da Ozeane ihre Temperatur gewöhnlich recht konstant halten, hätte

Der Dekkan-Trapp in Indien.

brüche aus Spaltenvulkanen keine Auswirkungen auf das globale Klima haben konnten. Forschungen jüngerer Zeit haben gezeigt, dass

dies nicht den Tatsachen entspricht. Eine detaillierte Rekonstruktion der Geschichte des Laki-Ausbruches in Island im Jahre 1783 – einer der größten historischen Ausbrüche eines Spaltenvulkans – hat gezeigt, dass dieser Ausbruch für einige der schlimmsten klimatischen Veränderungen in der nördlichen Hemisphäre innerhalb eines ganzen Jahrhunderts verantwortlich war. Die Folge war eine massive Luftverschmutzung, ein furchteinflößender hoch-schwefelhaltiger trockener Dunst."[B]

Das Columbia-Plateau wird zeitlich in das Miozän eingeordnet. Weitere kontinentale Lavaplateaus sind beispielsweise die Äthiopien-Basalte (aus dem Oligozän – vierfache Größe des Columbia-Plateaus), der Dekkan-Trapp in Indien (aus Kreidezeit/Tertiär – achtfache Größe des Columbia-Plateaus) und sieben weitere Lavaplateaus, die in die Zeit des Mesozoikums datiert werden, zu denen auch das Dolerit der Karoo-Landschaft in Südafrika gehört (aus Jura – mehr als achtfache Größe des Columbia-Plateaus).

Quellenangaben

A Oard S. 69–70.

B Courtillot, Thordarson, *Geophysical Reseach Abstracts* Bd. 7 11196

die Abkühlung der Atmosphäre die Meerestemperatur nur langsam und allmählich abgesenkt. Das wärmere Wasser wäre immer an die Oberfläche hochgekommen, da warmes Wasser nach oben steigt und kühleres Wasser nach unten sinkt. Das hätte dafür gesorgt, dass trotz der kühleren Sommer bis weit in die Eiszeit hinein eine höhere Verdunstung sowie stärkere Niederschläge stattfinden konnten.

An irgendeinem Punkt waren die Faktoren, die die Eiszeit ausgelöst hatten, dann nicht mehr spürbar. Die Temperatur der Ozeane kühlte sich auf die jetzigen Werte ab, wodurch Verdunstung und Niederschlag auf heutige Werte reduziert wurden. Gleichzeitig verlangsamte sich auch das Tempo der schnellen Plattenbe-

wegungen während der Flut und der Jahre direkt danach auf die heutige Geschwindigkeit. Die verlangsamte plattentektonische Aktivität bewirkte eine Verminderung der Vulkanausbrüche, wodurch sich der Himmel von Staub und Aerosolen befreien konnte, sodass als Folge die Sonne wieder die Erde erwärmen konnte. Wärmere Sommer sorgten für ein Abschmelzen der kontinentalen Gletscher – bis auf diejenigen an den jetzigen Lokalisationen. Jedoch ermöglichten es die viel kälteren Ozeane, dass sich an den Polen Eiskappen bildeten.

Oard schätzt, dass die Eisdecken 500 Jahre brauchten, um auf ihre größte Ausdehnung anzuwachsen, und dann 200 weitere Jahre nötig waren, damit das Eis wieder schmilzt und sich zurückzieht. Das bedeutet, dass die gesamte Eiszeit ungefähr nur 700 Jahre gedauert hat – ein Zeitraum, der sich problemlos in den biblischen Zeitrahmen einfügt.

Kreationistisches Eiszeit-Modell – die bessere Erklärung

Die höheren Niederschläge, die durch das kreationistische Eiszeit-Modell kalkuliert werden, sind eine Erklärung für die große Menge an trockenen Seebetten in Gebieten, die heute Wüstenzonen sind. Beispielsweise gibt es unterhalb des Wüstensandes der Sahara Beweise von alten Flusssystemen und Wäldern, was ein Hinweis darauf ist, dass das Klima irgendwann viel feuchter war als heute.[17] Und der Geologe Robert Schoch weist darauf hin, dass die Sphinx in Ägypten Beweise einer viel stärkeren Erosion durch Wasser zeigt als es der Fall sein sollte, wenn Ägypten zu der Zeit, als die Figur gebaut wurde, sehr wasserarm war.[18] Aber das kreationistische Eiszeit-Modell kann für dieses Rätsel die Lösung bieten, und zwar besonders wegen des höheren Niederschlags, der noch über Jahrhunderte

Foto: Shutterstock_ memiu

Unter der Sahara befinden sich alte Flusssysteme und Wälder, ein Beweis, wie feucht das Klima in der Vergangenheit war.

nach der Flut anhielt. Die Archäologen täuschen sich wahrscheinlich weniger über den Zeitpunkt, wann die Sphinx aus Stein gehauen wurde, als die Geologen sich über den Zeitpunkt täuschen, wie kurz es her ist, dass es in Ägypten feucht und regnerisch war.[19]

Die höheren Niederschläge des kreationistischen Eiszeit-Modells sind auch eine Erklärung für die Tatsache, dass der Wasserspiegel von existierenden Seen in der Vergangenheit viel höher war. Beispielsweise ist der Große Salzsee in

Die Erosionen an der Sphinx in Giza/Ägypten deuten auf starke Wassereinwirkungen hin.

Foto: Shutterstock_ Pius Lee

Der Große Salzsee in Utah ist das verdunstete Überbleibsel des Lake Bonneville, dessen ehemalige Uferlinien noch zu erkennen sind.

Utah das verdunstete Überbleibsel des viel größeren Lake Bonneville. Im Landesinneren der Kontinente existierten riesige Wasserspeicher, hauptsächlich wegen der höheren Niederschläge in den frühen nachsintflutlichen Jahrhunderten. Der Geologe A. Austin stellt die These auf, dass der Grand Canyon innerhalb sehr kurzer Zeit erodiert wurde, als eines dieser Wasserbecken durch eine Schwachstelle in einem natürlichen Staudamm hindurch brach.[20]

Das kreationistische Eiszeit-Modell liefert Erklärungen für viele andere Rätsel, für die es ansonsten keine Erklärung gibt. Eine dieser geheimnisvollen Tatsachen ist, dass etliche Landkarten aus dem 16. Jh. den Kontinent Antarktika zeigen, was sehr seltsam ist, weil die Existenz der Antarktis erst seit den 1820-er Jahren dokumentiert ist. Einige der Landkarten, besonders die von Oronteus Finaeus aus dem Jahre 1531, zeigen die eisfreie Küste der Antarktis mit einer erstaunlichen Genauigkeit, einschließlich aller Gebirgszüge und Flüsse, die

weit ins Inland reichen. Heutzutage ist die Antarktis vollständig mit dicken Gletschern bedeckt, die weit bis ins Meer hineinragen. Zweifellos war dies im 16. Jh. genauso der Fall. Dies und die Tatsache, dass etliche Landkarten aus dem 15. und 16. Jh. so akkurat sind, dass zur Erstellung der Einsatz von sphärischer Trigonometrie erforderlich gewesen wäre, sowie die Tatsache, dass sich in den Karten die Fähigkeit widerspiegelt, den genauen Längengrad bestimmen zu können (wozu man vor Mitte des 18. Jh. nicht in der Lage war), führte Charles Hapgood zu der Schlussfolgerung, dass diese Landkarten Kopien von früheren Karten darstellten, die weit zurückgingen zu einer hochentwickelten Eiszeit-Zivilisation, die die Antarktis erforscht und kartografiert hatte.[21] Von den meisten wurde Hapgood als Spinner abgetan, aber seine Theorie fügt sich sehr gut in das kreationistische Eiszeit-Modell. Die wärmeren, nachsintflutlichen Ozeane hätten die Küstengebiete der Antarktis eisfrei gehalten bis zu den späteren Phasen der Eiszeit, als die Ozeane sich weit genug abgekühlt hatten, um die Bildung von Eiskappen an den Polen zu ermöglichen. Für die hochentwickelten nachsint-

flutlichen Menschen war es keine Schwierigkeit, die Küstengebiete der Antarktis zu erforschen, als sie noch frei von Eis waren. „Diese Landvermessung musste kurz nach der Flut durchgeführt worden sein, als die Landmassen ihre gegenwärtige Form erreicht hatten, aber noch bevor das Eis anfing, sich an den Polen anzuhäufen."[22]

Dies war nur ein Beispiel von vielen, wie scheinbar unlösbare geologische Rätsel durch das kreationistische Modell eine wissenschaftlich nachvollziehbare Erklärung finden. Bibelgläubige Kreationisten haben lange gezögert, ein planetarisches Zeitalter mit Gletschern anzunehmen, sind aber inzwischen von diesem Thema regelrecht fasziniert. Ihre Erklärung bietet plausible Antworten auf knifflige Fragen, während Langzeit-Geologen mit ihren Jahrmillionen immer wieder in Erklärungsnot kommen.

David Read (USA) ist Jurist, hat jedoch intensiv das Thema der kreationistischen Wissenschaft studiert. Für entsprechende Recherchen und Dokumentationen pausierte er 2 Jahre von seiner beruflichen Laufbahn.

Satellitenbild der Antarktis. Die Umrisse
der eisfreien Küstenlinie sind bereits auf
einer Karte von 1531 deutlich zu erkennen,
deren Ursprung offensichtlich in der nachsintflutlichen Zivilisation zu suchen ist.

Foto: wikipedia

Quellenangaben

1   Michael J. Oard, *An Ice Age Caused by the Genesis Flood*, S. 13.

2   Zitiert bei Oard, ebda.

3   J. u. K. Imbrie, *Ice Ages: Solving the Mystery*, S. 141.

4   Oard, S. 16.

5   Siehe z.B. B. Lemley, „The New Ice Age" *Discover* Bd. 23, Nr. 9.

6   Oard, S. 19 u. S.18.

7   Ebda.

8   Kurt Wise, *Faith, Form, & Time*, S. 210-216.

9   Oard, 71.

10 L.A. Frakes, *Climates throughout Geological Time*, S. 190.

11 Vortrag von Larry Vardiman auf der 4. Intern. Konferenz für Kreationismus, Pittsburg, Aug. 1998.

12 Zitate aus R. von Huene et al., Init. Repts. S. 56,57,67.

13 J.P. Kennett u. R.C. Thunnell, (1975) in *Science*, 187:497-503; (1977) 196:1231-1234.

14 Oard S. 69.

15 Ebda.

16 Oard S. 34.

17 Kurt Wise, S. 215.

18 Siehe z.B. J.A. West, *Serpent in the Sky*, S. 186-220, 225-232; G. Hancock, *Heaven's Mirror*, S. 92-94.

19 Siehe z.B. Kurt Wise, S. 215.

20 S.A. Austin, *Grand Canyon: Monument to Catastrophe*. U. a.

21 Siehe C. Hapgood, *Maps of the Ancient Sea Kings*.

22 Siehe z.B. R. Noorbergen, *Secrets of the Lost Races*, S. 96-99.

AUTORIN: GABRIELE PIETRUSKA

Foto: Shutterstock_cotola

Faszinierende Welt der lustigen Blumen

Wenn wir uns unsere Natur anschauen, gibt es immer wieder Dinge, über die wir nur staunen können. Einerseits bewundern wir die Schönheit, andererseits die unglaubliche Funktionalität all dessen, was diese Naturwelt zu bieten hat. Beispielsweise lässt die Beobachtung dessen, wie einzelne Tiere funktionieren und welche Fähigkeiten sie haben, wohl jeden Betrachter nur immer wieder verwundert und fasziniert die Frage stellen: Wie ist das alles entstanden? Aus dem Blickwinkel der evolutionistischen Weltanschauung, die einen Gott, der der Schöpfer aller Dinge ist, von vornherein ausschließt, ist eine solche Frage immer wieder eine harte Nuss. Wie sollen Dinge, die so ausgeklügelt und intelligent sind, einfach per Zufall entstanden sein? Dazu kommt noch, dass immer wieder belegt worden ist, dass solche Zufälle schon rein mathematisch gar nicht möglich sind.

In diesem Artikel wollen wir uns einmal noch einen ganz anderen Aspekt anschauen – anschauen im wahrsten Sinne des Wortes. Wenn man glaubt, dass Gott der Schöpfer ist und diese Erde für uns Menschen geschaffen hat, dann sieht man alle Dinge unter einem ganz anderen Blickwinkel. All die Schönheit der Natur, die traumhaften Farben und Formen, die faszinierenden Details und die phantastische Abstimmung auf genau die Bedürfnisse von uns Menschen und der gesamten Pflanzen- und Tierwelt sind atemberaubend. Diese Tatsachen zeigen, was für ein Wesen hinter dieser Welt der Natur steht. Ein Schöpfergott, der voller Kreativität und Liebe ist. Ein Gott, dem die Menschen alles andere als gleichgültig sind, sondern der sich rührend um sie bemüht und die optimalen Bedingungen für sie geschaffen hat. Aber auch ein Gott, der nicht abgehoben und distanziert ist, sondern vielleicht sogar Humor hat und uns zum Lachen bringen möchte?

Wer sich die folgenden Bilder anschaut, kommt nicht umhin, genau zu diesem Ergebnis zu kommen. Die gezeigten Formen und Farben sind verblüffend. Bilder von Pflanzen und Blumen, die aussehen, als wenn sich jemand dort einen kleinen Scherz erlauben wollte und den Betrachter zum Staunen und Lächeln bringen wollte. Kann sich irgendjemand vorstellen, dass all das rein aus Zufall entstanden ist?

Besonders faszinierende Formen findet man unter den Orchideen, von denen es bis zu 30.000 Arten gibt. Wie bei keiner anderen Blumenart kann man hier die erstaunlichsten und witzigsten Figuren und Formen wiederfinden, die gewöhnlich der Orchidee auch ihren Namen geben. Fangen wir an mit den Affengesicht-Orchideen. Hiervon gibt es mehrere Versionen, die alle sehr witzig und faszinierend sind. Wir finden sie unter den Bildern 1 bis 6. Besonders das Bild 1 lässt einen kopfschüttelnd staunen, wie sehr es doch einem kleinen Affengesicht ähnlich sieht – und sogar das Fell ist zu erkennen!

1

Foto: amazon

2

Foto: Shutterstock_cotosa

3

Foto: wikimedia

4

Foto: gingosabroad

5

Foto: wikimedia

6

Foto: wikimedia

Auch andere Tiere kann man wiederentdecken. Diese hübsche Orchidee (Bild 7 + 8) zeigt im Zentrum eine gelb-rote Stelle, die wie das Gesicht eines Tigers aussieht, sowohl von der Form als auch vom Muster und den Farben her. Die gesamte Blume sieht aus, als würde ein Vogel seinen Spielzeug-Tiger im Arm halten. Auch die sogenannte Schmetterlings-Orchidee sieht lustig aus (Bild 9). Und noch ein anderes gelb-rötliches Insekt bringt uns mit seinem Lachen auch selbst zum Lachen: die Orchidee mit dem Namen Lachende Hummel (Bilder 10+11). Das Interessante: Die Orchidee sieht nicht nur bienenähnlich aus, sondern strömt einen Duft aus, der dem einer weiblichen Biene ähnelt. Durch diesen verführerischen Geruch und das Aussehen werden männliche Bienen angelockt. Sie sind dann mit Pollen bedeckt und bestäuben so die nächste weiblich duftende und aussehende Orchidee, durch die sie angelockt werden.

7

Foto: wikimedia

8

Foto: wikimedia

9

Foto: wikimedia

10

Foto: arastiralim

11

Foto: arastiralim

Foto: Shutterstock / jgaunion

Besonders faszinierend sind die vielen Orchideen-Arten, die unterschiedliche Vögel darstellen. Wer beim ersten Bild 12 genau hinschaut, sieht im Zentrum den kleinen Kopf eines Vogels, und die Blütenblätter sehen aus wie seine großen Flügel. Bei den weiteren Bildern 13 bis 16 sieht man dann den „Vogel" im Großformat – wenn auch die Namensgeber dieser Orchidee in der Form eher einen tropischen „Nachtfalter" zu entdecken meinten (Phalaenopsis).

Foto: wikipedia

Foto: wikimedia

Foto: wikimedia

Foto: wikimedia

Foto: Shutterstock, W. Woyke

Foto: Shutterstock_danhermusic

Weitere faszinierende Vogeldarstellungen finden wir bei dieser weißen Paloma-Orchidee. Paloma heißt auf Spanisch Taube, und genauso sieht das Vögelchen aus, das dort in der Blume hockt (Bild 17). Die andere weiße Blume, die ebenfalls einem Vogel verblüffend ähnlich sieht (Bild 18), nennt sich Weiße-Reiher-Orchidee (Orquidea garza blanca). Aber auch schöne farbige Vogel-Blumen gibt es. Die Papagei-Blume (Impatiens Psittacina) sieht ihrem Namensgeber erstaunlich ähnlich (Bilder 19 + 20). Besonders niedlich der kleine Schnabel. Und auch eine fliegende Ente findet sich in der Blumenwelt wieder (Flying Duck Orchid – Caleana Major). Auch hier sieht der Schnabel wirklich faszinierend aus (Bilder 21 + 22).

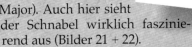

Foto: unknown

Foto: Rachel Scott-Renouf

Foto: jittinflowers

Foto: Robert Andrew Price

Foto: theklevtimes

Foto: Wikimedia

Foto: flickr

Auch Phantasiefiguren unter den Orchideen ziehen die Aufmerksamkeit auf sich. Diese Orchidee soll entsprechend ihrer Bezeichnung einen Außerirdischen darstellen (Bild 23). Aber das ist ja nur der Name, den man dieser Blume verpasst hat. Es stellt einfach ein lustiges kleines Wesen dar mit witzigen Augen, Ohren, Nase und Mund, welches ein weißes Teil in der Hand trägt. Und wie man auf den Bildern rechts sehen kann, sehen alle diese Blumenwesen gleich aus und tragen ihr weißes Päckchen.

Foto: flickr

Das Bild 25 erinnert stark an einen Totenschädel. Das Bild 27 macht deutlich, dass es hier nicht nur um ein zufälliges Einzelexemplar geht, sondern dass alle Blüten dieses außergewöhnliche Format zeigen. Auch die Pflanzenteile auf Bild 26 erinnern sehr stark an einen Totenschädel. Das mag bei dem einen oder anderen Fragezeichen hervorrufen. Warum Totenschädel in Gottes Natur? Aber wenn man das Gesamtbild betrachtet, muss man sich bewusst machen, dass Liebe nicht darin besteht, die Wahrheit so zu manipulieren, dass nur das Schöne und Positive erzählt wird und die Realität geleugnet wird. Jeder Mensch muss irgendwann sterben und sollte sich bewusst sein, dass er dieses Leben geschenkt bekommen hat, um die richtigen Entscheidungen zu treffen, solange er am Leben ist und die Chance dazu hat. So eine kleine Pflanze kann einen durchaus einmal daran erinnern, dass wir dieses Leben nutzen sollten, denn irgendwann ist es einmal vorbei.

Foto: unknown

Foto: hortus.leidenuniv

Foto: freshideen

Die Blüte auf den linken Bildern 28 + 29 (Psychotria elata) sieht aus wie die roten Lippen eines menschlichen Mundes und hat deshalb auch verschiedene entsprechende Namen. Sie wird auch Kuss-Blume oder Kussmund-Pflanze genannt. Und auch auf den Bildern 30 und 31 sehen wir einen offenen Mund mit weißen Lippen. Sogar die Zunge und die Rachenöffnung mit dem Gaumenzäpfchen sind zu erkennen. Wenn man das Bild mit einem menschlichen Rachen daneben betrachtet, wird es noch deutlicher.

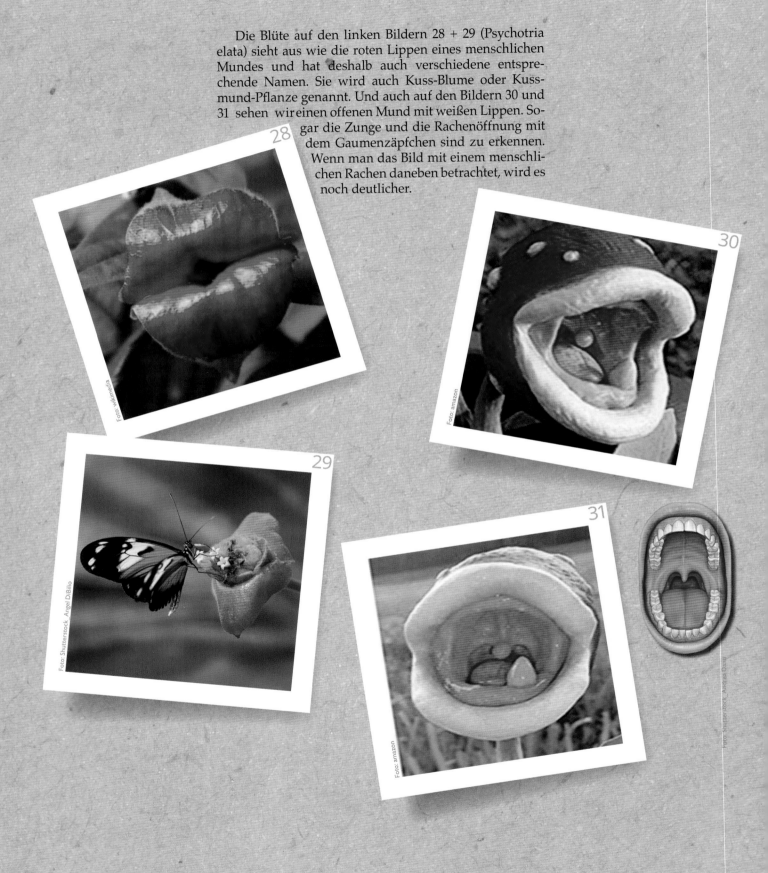

28

Foto: wikimedia

30

Foto: amazon

29

Foto: Shutterstock Angel DiBilio

31

Foto: amazon

Foto: Shutterstock Andrea Danti

Am lustigsten ist es natürlich, wenn man in diesen Orchideen menschliche Gestalten wiedererkennen kann. Gewisse Details in dieser sogenannten Italienischen Orchidee haben der Blume den Namen Knabenkraut gegeben (Bilder 32 bis 39). Tatsächlich sehen die Blüten wie kleine nackte Jungen aus. Gesicht, Arme, Beine, Körper – alles vorhanden. Einschließlich der großen Mütze auf dem Kopf.

32

Foto: wikimedia

33

Foto: wikimedia

34

Foto: wikimedia

36

Foto: anaretamero

35

Foto: wikimedia

37

Aber auch die Mädchen wurden nicht vergessen. Hier sehen wir auf Bild 40 die „Tanzende-Mädchen-Orchidee" (Impatiens Bequaertii). Auch Bild 41 zeigt weibliche Wesen in langen, weißen Kleidern. Und auch diese Orchidee auf Bild 42 sieht aus wie ein Mädchen in ihrem hübschen gelb-roten langen Kleid. Und diese Blüte der Ballerina-Orchidee auf Bild 43 sieht einer jungen Dame wirklich verblüffend ähnlich. Dann haben wir hier noch eine weibliche Figur, die in dieser weißen Blüte sitzt. Die Blume wurde Jungfrauen-Orchidee genannt (Bild 44). Aber auch die Babys kommen nicht zu kurz, man hat in Tücher eingewickelte Wickelkinder entdeckt (Bild 45). Das letzte Bild 46 zeigt weiße Figuren mit Flügeln, weshalb die Blume Engel-Orchidee genannt wurde.

38

39

40

41

Foto: Shutterstock_Ngan

Foto: Tere Montero

Foto: wikimedia

Foto: gardenofeaden.blogspot

Foto: unknown

Natürlich sind alle diese verspielten Figurinen keine Eins-zu-Eins-Darstellung der Realität. Sie rufen einfach nur bestimmte Assoziationen hervor, die den Betrachter zum Schmunzeln bringen. Aber allein das ist doch schon ein nettes Detail unserer Natur. Auch Lachen und Lächeln ist Teil der menschlichen Persönlichkeit, die Gott genauso geschaffen hat, wie es seiner Vorstellung entsprach. Und wir dürfen uns freuen an all den Dingen, die der Schöpfer zu unserer Freude und Erbauung geschaffen hat. Und dazu gehören auch diese Unikate von lustigen Blumen, von denen wir hier nur eine Auswahl vorstellen konnten.

Gabriele Pietruska ist Ärztin und Chefredakteurin von INFO VERO.

Kaffee Ade

HILFESTELLUNGEN ZUR ÜBERWINDUNG DER KOFFEINSUCHT

Foto: Shutterstock - CREATISTA

Als Susanne am frühen Morgen das Büro betrat, schallte ihr gleich eine „schlechte" Nachricht entgegen: „Die Kaffeemaschine ist kaputt!! Und außerdem ist der Instantkaffee alle." Oh, das war schlimm für sie!! Sie trank gern und viel von dem braunen Stimulier-Getränk. Und sie hatte heute noch keinen Kaffee getrunken. Wie sollte sie jetzt den Tag über fit bleiben?

Sie machte sich an ihre Arbeit, aber schon nach kurzer Zeit merkte

Mit Kopfschmerzen, Müdigkeit, Übelkeit und anderen Problemen ist die Leistungsfähigkeit im Keller.

Eine kaputte Kaffeemaschine ist die Katastrophe für einen Koffeinabhängigen.

sie, wie ihre Konzentrationsfähigkeit nachließ. Außerdem fühlte sie sich

zunehmend müde und zerschlagen, ja, regelrecht depressiv. Und dann setzten auch noch heftige Kopfschmerzen und Übelkeit ein. Sie verließ das Büro und lief zu einem nahe-

gelegenen Café, wo sie erst einmal ihr Kaffee-Defizit wieder ausglich. Sie fühlte sich schon bald wieder besser.

Wie gut, dass dies mein letzter Arbeitstag vor dem Urlaub war, dachte sie. Mit ihrem Mann fuhr sie für 2 Wochen weg, wo sie in einem Gesundheitshotel weitab der „Zivilisation" eine schöne Zeit in der Natur verbringen und sich gleichzeitig gesund ernähren wollten.

Das erste Frühstück war wohlschmeckend und gesundheitsfördernd. Viel frisches Obst, Nüsse und Vollkornprodukte. Der Kaffee schmeckte zwar etwas anders, als sie es gewohnt war, aber war trotzdem lecker.

Doch im Laufe des Tages entwickelten sich bei ihr wieder dieselben Symptome, wie sie sie gerade bei ihrem Kaffee-Entzug im Büro erlebt hatte. Außerdem spürte sie Herzrhythmusstörungen und eine Einschränkung ihres Seh- und Hörvermögens. Auch schwindelig war ihr. Was war los? War sie krank? Die

Kaffee-Entzug bewirkt starke Kopfschmerzen und andere Probleme.

migräneartigen Kopfschmerzen wurden so schlimm, dass sie den Arzt aufsuchte, der in dem angeschlossenen Gesundheitszentrum tätig war. Sie schilderte all ihre Symptome und die Unruhe, die sie

umtrieb. „Sind Sie Kaffeetrinkerin?" fragte dieser sie. „Ja, natürlich", sagte sie, „aber ich hatte – anders als sonst – heute noch sehr wenig, ich habe zum Frühstück meinen letzten Kaffee getrunken."

„Nein-nein", sagte der Arzt. „Ich meinte Bohnenkaffee. Zum Frühstück – das war Lupinenkaffee, der wird aus gerösteten Lupinenfrüchten hergestellt. Der schmeckt zwar so ähnlich, aber enthält keinerlei Koffein. Wir servieren bei uns im Haus keine koffeinhaltigen Getränke, die sind alles andere als gesund. Wenn ich Ihnen die Menge Koffein von nur einer Tasse Kaffee intravenös spritzen würde, würden Sie hier tot umfallen. Und schon mit einem Gramm Koffein tritt eine Koffeinvergiftung ein."

Jetzt war Susanne natürlich sofort klar, woher

Lupinenkaffee ist gesund und schmeckt auch Personen, die Bohnenkaffee gewohnt sind.

Foto: Shutterstock, Sergey Peterman

ihre Kopfschmerzen und ihre depressive, müde Stimmung kamen. Sie brauchte ihren Kaffee. Der Arzt erklärte ihr den Zusammenhang: „Die Kopfschmerzen und anderen Probleme, mit denen sie sich momentan herumplagen müssen, sind Entzugssymptome."

Das Wort traf Susanne wie ein Schlag! Entzugssymptome?? Sie arbei-

tete als Beraterin für Drogenabhängige, Alkoholiker und andere Süchtige und organisierte entsprechende Seminare, wie Drogenabhängige ihre Sucht überwinden konnten. Entzugssymptome waren ihr von daher bestens aus Theorie und Praxis bei ihren Klienten bekannt. Sie setzte ihre Kraft dafür ein, dass Süchte überwunden werden können. UND JETZT SOLLTE SIE SELBST ENTZUGSSYMPTOME HABEN? WAR SIE DENN SÜCHTIG? „Ja", sagte der Arzt. „Es gibt auch eine Koffeinsucht. Und sie ist manchmal

genauso schwer zu überwinden wie eine andere Sucht."

Koffeinsucht? War das nicht übertrieben? Konnte man das denn mit anderen Süchten einfach so auf eine Stufe stellen? Der Arzt erklärte ihr, dass Koffeinabhängigkeit im neuen DSM-V, dem Handbuch der Psychiatrie, als eine psychisch/mentale Störung aufgeführt würde, die gegebenenfalls eine Behandlung erfordert. Dies sei also eine offizielle fachärztliche Kategorisierung und nicht eine extreme Erfindung von ihm persönlich.

FRONTALHIRN

Die psychotrope Substanz Koffein hat massive Auswirkungen auf unser Frontalhirn und die Hirnchemie und damit direkt auf unsere Psyche und unsere Persönlichkeit

Der Arzt erklärte ihr, dass Koffein die weltweit am häufigsten konsumierte Droge sei und dass sie u. a. Auswirkungen auf das Frontalhirn hat – den Sitz unseres Urteilsvermögens, Willens und eigentlich unserer gesamten Persönlichkeit. Koffein als psychotrope Substanz hat also direkt Einfluss auf die Psyche, verändert aber auch langfristig die Hirnchemie, welche wiederum Auswirkungen auf die psychische Befindlichkeit hat und unsere Persönlichkeit verändern kann.

Wichtig sei es, das Gesamtbild der Koffeinwirkung zu sehen. Zwar fühlen sich viele Menschen angeregt und glauben, dass Koffein die Gehirntätigkeit stimuliere. Allerdings zeigten Studien von Iwan Pawlow, dass Schreibmaschinenschreiber zwar unter dem Einfluss von Koffein beispielsweise etwas schneller schreiben konnten, aber 10-mal so viele Tippfehler machten. Die Tippfehler wieder zu korrigieren nahm ein Vielfaches der Zeit in Anspruch, die man durch das beschleunigte Schreiben gewonnen hatte. Der Grund ist, dass bei höheren Mengen Koffein Vergiftungserscheinungen auftreten, die die Gehirnleistung einschränken. Eine solche Koffeinvergiftung kann auch mit einem Kreislaufkollaps enden.

Andere Studien zeigen, dass die Durchblutung des Gehirns durch nur eine Tasse Kaffee um 40% zurückgeht, was einen dramatischen Abfall der Versorgung mit Sauerstoff und Nährstoffen bedeutet. Hält der Kaffeekonsum dann länger an, verändert sich das Gehirn dauerhaft. Wenn man sich erst einmal an den Koffeinkonsum gewöhnt hat, braucht man das

Das Gehirn wird durch regelmäßigen Kaffeeverzehr dauerhaft verändert und kann ohne die Droge nicht mehr normal funktionieren.

Koffein regelmäßig, um überhaupt normal zu funktionieren. Und um denselben Effekt zu erzielen und funktionsfähig zu sein, muss zusätzlich die Koffeindosis über die Zeit ständig gesteigert werden.

Was passiert eigentlich im Körper, wenn man Koffein zu sich nimmt, und wie kommt es dann zu den Entzugserscheinungen? Im Körper ist ein sogenannter Neuromodulator namens Adenosin wirksam. Die Funktion von Adenosin besteht darin, dass es sich an die im Gehirn vorhandenen Adenosin-Rezeptoren andockt und somit dem Körper vermittelt, dass er müde ist. Wenn die Energien des Körpers verbraucht sind, braucht er einfach eine Auszeit. Die Ausschüttung von anregendem Dopamin und Noradrenalin wird daraufhin gehemmt, der Blutdruck und die Herzfrequenz sinken, und der Körper geht in den Entspannungsmodus.

Die Droge Koffein hat ein biochemisches Format, das genau auf diese Adenosin-Rezeptoren passt und sie somit besetzt. Damit ist kein Platz mehr da für das Adenosin, das dem Körper signalisiert, bei Müdigkeit in den Ruhemodus zu gehen. Mit anderen Worten, eigentlich wäre der Körper müde und müsste ruhen, aber die Botschaft kann ihm nicht vermittelt werden. Der Körper bleibt im Dauerstress. Besonders auch noch deshalb, weil

Veränderung des Gehirns durch Kaffee

Foto: wikipedia

Caro-Kaffee ist nur eine der koffeinfreien Alternativen zu Bohnenkaffee.

diese Vorstellung, dass sie als Sucht-beraterin nicht nur süchtig war, son-dern sich mit ihrem hohen Kaffee-konsum auch noch alle möglichen gesundheitlichen Probleme ins Haus holte, dass sie sich entschied, sich von dieser Abhängigkeit zu lösen. Der Arzt versorgte sie mit hilfreichen In-formationen, um sie in ihrem Vorha-ben zu unterstützen.

Sie hatte jetzt zwei Möglichkei-ten, die sie auch aus ihrer Arbeit mit anderen Süchten kannte. Entweder sogenannter „Cold Turkey", bei dem der suchterzeugende Stoff von einem auf den anderen Tag vollständig weg-gelassen wird, was oft die hilfreichste Methode ist, gerade auch bei Nikotin- und Alkoholentzug, ebenfalls bei ille-galen Drogen.

Oder als zweite Möglichkeit: ein langsameres Reduzieren. Bei Kaffee

deren Maßnahmen begegnet werden. Hierfür empfahl der Arzt ballast-stoffreiche Nahrungsmittel, die ohne-hin in dem pflanzenbasierten Speise-plan des Gesundheitshotels reichlich vorhanden waren, sowie eine reich-liche Zufuhr von Wasser, was einer Verstopfung entgegenwirkt.

Susanne war so schockiert über

Durch den Röstvorgang der Kaffeebohnen entsteht das krebserregende Acrylamid.

Foto: Shutterstock_noloxs

WARNUNG:
Kaffee erzeugt Krebs

Das hängt damit zusammen, dass durch den Röstvorgang Acrylamid gebildet wird. Dieser Stoff erzeugt in Tierversuchen Krebs, weil er die DNA und andere Proteine schädigt. Diese DNA-Schädigungen können zu Mutationen führen, die der erste Schritt zu der Entwicklung von Krebs sind. Diese neue Erkenntnis führte sogar dazu, dass in Kalifornien Starbucks und andere Kaffeefirmen durch einen Richterspruch verpflichtet wurden, eine Krebswarnung auf ihren Packungen oder Kaffeebechern zu haben – ähnlich wie sie seit einiger Zeit auf Zigarettenpackungen zu sehen ist. Tatsächlich sind schon einige Kaffeevertreiber in diesem US-Staat verklagt worden, weil diese Krebswarnung auf ihren Produkten fehlte.

Etwas, was sie als Suchtberaterin besonders faszinierte, war ein wissenschaftlicher Versuch, den die NASA mit unter Drogen gesetzten

Spinnen durchgeführt hatte. Jeder von uns hat schon mal ein Spinnnetz gesehen und darüber gestaunt, wie die Spinnen so etwas Strukturiertes konstruieren können. Bei der NASA war man zunächst nur durch Zufall auf einen Zusammenhang gestoßen, der zwischen Koffeinwirkung und der Fähigkeit einer Spinne bestand, ein normales Netz zu bauen. Man führte daraufhin einen gezielten Test durch und verabreichte den Spinnen verschiedene Gifte und Drogen – von Morphium, Strychnin, LSD, Dextroamphetamin (Speed), Meskalin, Valium bis hin zu Koffein. Von allen Drogen und Giftstoffen hatte Koffein die fatalste Auswirkung! (siehe Bild) Die Spinnen waren nicht in der Lage, auch nur ansatzweise ein vernünftiges Netz zu spinnen. Auch wenn die Ergebnisse sicher nicht eins zu eins auf den Menschen übertragbar sind, zog Susanne ihre Rückschlüsse daraus.

Die hilfreiche Unterstützung des Arztes bei Susannes Plan, die Koffeinsucht zu überwinden, zeigte sich auch noch in anderer Form. Er sprach ausführlich mit ihrem Mann, um ihn darauf vorzubereiten, dass seine Frau in der Phase der Koffeinentwöhnung

ist es für den Betroffenen manchmal erträglicher, das Koffein nach und nach auszuschleichen, indem man den Bohnenkaffee zur Hälfte mit koffeinfreien Varianten wie Lupinenkaffee, Malzkaffee, Dinkel- oder anderem Getreidekaffee mischt und immer stärker reduziert, bis man den Bohnenkaffee nach einigen Tagen ganz raus lässt. Dieser langsame Entzug, bei dem die Koffeinmenge kontrolliert reduziert wird, ist für manche Menschen der sanftere Weg. Der Körper kann so die außer Kontrolle geratene Körperchemie nach und nach den neuen Bedingungen anpassen.

Susanne wollte jedoch sofort von ihrer Abhängigkeit loskommen. Um sich mental dabei zu unterstützen, machte sie sich im Internet darüber schlau, welche Auswirkungen das Koffein auf ihren Körper hat. Sie stieß auf allerhand hilfreiche Informationen, die sie zusätzlich überzeugten, beispielsweise einen Zusammenhang zwischen Kaffee und Krebs. Entgegen der weitverbreiteten Ansicht, dass es zwischen Kaffee und Krebs keine Verbindung gäbe oder er sogar vor Krebs schützen würde, fand sie gegenteilige neuste Erkenntnisse, dass Kaffee doch Krebs fördert.

Unter der Einwirkung verschiedener Drogen waren Spinnen kaum in der Lage, ein strukturiertes Netz zu spinnen, wobei Koffein (unten rechts) die fatalsten Auswirkungen zeigte.

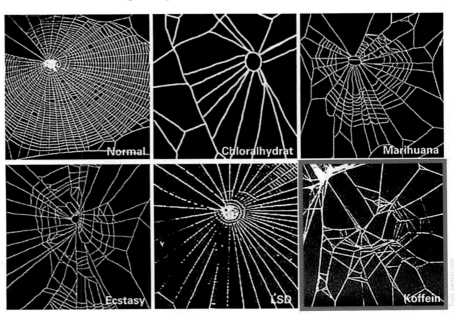

Foto: Shutterstock_Akos Nagy

Dass Kaffee dein Feind ist, wird einem oft erst bei einem Entzug mit seinen höchst unangenehmen Folgen deutlich.

eine nicht so leichte Zeit durchmache, die sogar eine Beziehung belasten könnte. Er als Ehemann könne ihr eine große Hilfe sein, wenn er auf diese Dinge vorbereitet ist und ihr mit entsprechendem liebevollem Verständnis begegnet und sie unterstützt.

Der Arzt betonte darüber hinaus, dass der 2-wöchige Urlaub eine ideale Zeit sei, um so eine Kaffeeentwöhnung durchzuführen, weil mit folgenden Symptomen zu rechnen sei:

1. Der Kaffee-Entzug würde häufig zu starker Erschöpfung und bleierner Müdigkeit führen. Wenn der Körper über Jahre und Jahrzehnte nur mit diesem Aufputschmittel seine

Leistung vollbringen konnte, fällt der Mensch ohne diese gewohnte Droge gewöhnlich erst einmal auf einen deutlich niedrigeren Energie-Level. Da ist es gut, wenn man nicht zur Arbeit gehen muss.

Foto: Shutterstock_alphaspirit

2. Trotz der starken Erschöpfung tritt gewöhnlich gleichzeitig eine hartnäckige Schlaflosigkeit auf. Das kann sehr quälend sein. Auch hier ist es hilfreich, wenn man den Tagesablauf flexibel gestalten kann.

3. Es können sich auch grippeähnliche Symptome wie verstopfte Nasen oder Nasennebenhöhlen einstellen.

4. Manche sportbegeisterten Kaffeetrinker klagen auch darüber, dass sie während eines Koffein-Entzugs vorübergehend nicht mehr die gewohn-

Ein Koffein-Entzug bringt das Gehirn völlig durcheinander und produziert extreme Reizbarkeit und andere psychische Ausfallerscheinungen.

te Leistungsfähigkeit aufweisen. Ihre Muskeln scheinen steif und schmerzen, und es scheint, als hingen an jedem Muskel zusätzliche Gewichte. Und die Bewegungsabläufe sind verlangsamt.

5. Heißhungerattacken können ebenfalls auftreten, die zum Teil auf den Blutzuckerabfall zurückzuführen sind. Auch versucht der Körper durch eine große Nahrungsaufnahme das Verlangen nach der Suchtsubstanz zu mindern.

6. Auch die psychische Befindlichkeit geht in den Keller, und häufig tritt eine extreme Reizbarkeit auf. Man überreagiert auf Kleinigkeiten. Da ist es schon besser, wenn man sich für diese Zeit von der normalen Umwelt zurückziehen kann, bis man nach dem Entzug wieder der normale liebevolle Zeitgenosse ist, der man gern sein möchte.

7. Auch passiert es, dass sich eine starke Lethargie breit macht, sodass einem jegliche Motivation fehlt. Das kann so weit gehen, dass man die eigene Körperpflege vernachlässigt.

8. Man sollte sich nicht wundern, wenn der Kopf nicht mehr so richtig zu funktionieren scheint. Konzentrationsstörungen und Gedächtnisprobleme gehören zu einem Koffein-Entzug dazu, sind aber nur ein vorübergehender Zustand, auf den dann nach dem Entzug eine umso klarere geistige Fitness folgt.

9. Viele Kaffeetrinker erleben bei einem Entzug auch, dass bizarre und unangenehme Träume auftreten.

10. Sogar depressive Zustände können auftreten. Das Leben scheint grau in grau und keine Freude mehr zu machen. Man sollte jedoch wissen, dass all die beschriebenen Symptome und Zustände rein vorübergehender Natur sind und man bald wieder auf der Höhe sein wird.

Aber jetzt kommen die guten Nachrichten!! Um all diesen unangenehmen Begleiterscheinungen etwas entgegenzusetzen, sind folgende Maßnahmen sehr hilfreich, wenn man einen Koffein-Entzug durchlaufen möchte. Zunächst sollte man sich klar machen, dass diese unangenehmen Symptome nur vorübergehend

Nach einem Koffein-Entzug wird man sich besser und fitter fühlen als je in seinem Leben.

Ohne die Droge Koffein winkt ein Leben mit deutlich besserer Qualität und höherer Leistungsfähigkeit.

Alle die genannten Tipps waren für Susanne leicht in die Tat umzusetzen. Die Mahlzeiten in dem Gesundheitshotel entsprachen den optimalen Anforderungen an eine gesunde Ernährung. Dazu kam, dass sie zu einem hohen Wasserkonsum animiert wurde und auch andere Angebote wie Wasseranwendungen in Anspruch nehmen konnte. Die wunderschöne Natur lud zu einer ausgeprägten körperlichen Aktivität im Sonnenschein und an frischer Luft ein. Ihr Mann unterstützte sie in allen Maßnahmen und hatte großes Verständnis für ihren vorübergehend angeschlagenen psychischen Zustand. Sehr hilfreich war auch die Tatsache, dass man in dem genannten Gesundheitshotel bzw. Gesundheitszentrum auf koffeinhaltige Getränke grundsätzlich verzichtete.

Niemand setzte ihr ungefragt einen Kaffee vor oder kochte in ihrer Nähe Kaffee, sodass sie durch den Geruch verführt wurde.

Wer seinen Kaffeekonsum aufgeben möchte, aber nicht auf die idealen Bedingungen eines Urlaubs im Gesundheitszentrum zurückgreifen kann, kann dennoch die beschriebenen optimalen Bedingungen für einen Entzug so weit wie möglich in der heimischen Umgebung umsetzen. Die bessere Gesundheit, die lohnenswerte Verbesserung der Leistungsfähigkeit ohne Koffein und die Reduzierung der durch Kaffeekonsum drohenden Gefahr aller möglichen Krankheiten und Verschlechterungen der Lebensqualität sollten eine ausreichende Motivation sein, diesen Schritt zu gehen. Der Entzug dauert nur wenige Tage, und es winkt ein Leben mit deutlich besserer Qualität und höherer Leistungsfähigkeit. Sie werden sich ohne Kaffee fitter

fühlen als Sie sich je mit Kaffee gefühlt haben.

Ich wünsche allen Lesern, die diesen Weg für sich selbst anstreben, alles Gute und viel Mut und Erfolg bei ihrem Kampf gegen die eigene Abhängigkeit. Suchen Sie sich jemanden, der an Ihrer Seite steht und Ihnen – wie bei Susanne ihr Mann – dabei moralische Unterstützung bietet. Und vergessen Sie nicht den größten Helfer, den es geben kann. Unser Gott im Himmel, der uns erschaffen hat und möchte, dass wir gesund und glücklich sind, kann und wird uns bei einem solchen Unterfangen jede benötigte Kraft und Unterstützung geben, wenn wir ihn im Gebet darum bitten.

Gabriele Pietruska ist Chefredakteurin von INFO VERO. Als approbierte Ärztin hat sie sich auf die Bereiche Gesundheitsvorsorge und Lebensstil-Krankheiten spezialisiert.

GOTT MÖCHTE JEDEM HELFEN, DER IHN IM GEBET UM HILFE BITTET.

NEWSTART® PROGRAMM
zur Optimierung Ihrer Lebensqualität

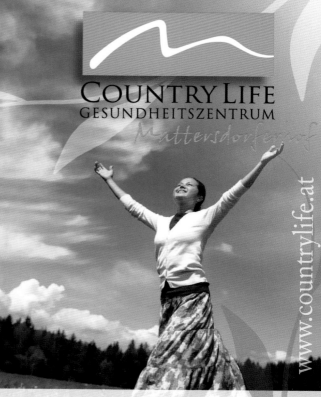

COUNTRY LIFE GESUNDHEITSZENTRUM *Mattersdorferhof*

www.countrylife.at

Was beinhaltet das Newstart®-Trainingsprogramm?

- Berücksichtigung mitgebrachter Befunde
- Erstellung eines individuellen Tagesplans
- Persönlich abgestimmte Massage-, Wasser- oder Holzkohleanwendung etc. sowie Teeempfehlungen
- Praktische Koch- und Backkurse
- Fachvorträge und Workshops über einfache, natürliche Heilmethoden
- Begleitung durch persönliche/n Betreuer/in (Lifestylecounselor)
- Erstellung eines Programms für zu Hause

Hier finden sie die optimalen
Rahmenbedingungen zum Kaffee-Entzug

COUNTRY LIFE GESUNDHEITSZENTRUM MATTERSDORFERHOF

Mattersdorf 10, 9560 Feldkirchen/Kärnten | +43 (0)4277 23 37 | www.countrylife.at

Jesus für die Homo-Ehe?

Der ehemalige amerikanische Präsident Jimmy Carter hat sich im Zusammenhang mit der Veröffentlichung seiner neusten Autobiographie zu einem umstrittenen Thema geäußert. Der inzwischen über 90-Jährige, der sich als wiedergeborener Christ bezeichnet, sagte, dass er der Überzeugung ist, dass Jesus gleichgeschlechtliche Ehen befürworten würde. Er erklärte, dass er zwar keinen Bibelvers nennen könne, aber folgende Meinung vertritt: „Ich glaube, dass Jesus jede Liebesaffäre unterstützen würde, wenn sie ehrlich ist und von Herzen kommt und keinem anderen Menschen Schaden zufügt." Und das würde auf homosexuelle Beziehungen zutreffen. Auch ging er so weit zu fordern, dass von Kirchen, die homosexuelle Ehen nicht befürworten, verlangt werden sollte, Trauungszeremonien für gleichgeschlechtliche Paare zu vollziehen. Die Äußerung erntete scharfe Kritik. Ein Leser wies Carter darauf hin, dass er damit der Bibel widersprechen würde, die in Römer 1,26 klar Stellung bezieht und homosexuelle Beziehungen als widernatürlichen Verkehr und schändliche Leidenschaften bezeichnet. Im folgenden Vers heißt es: „Männer trieben mit Männern schamlos Unzucht und empfingen die ihnen gebührende Strafe für ihre Verirrung an sich selbst." Auch glaubte Carter zu wissen, was Jesus über Abtreibung denkt: nämlich, dass er sie unter gewissen Bedingungen befürworten würde. (Quelle: *Independent* / gapi

Religionsfreiheit für Satanisten?

In Little Rock, Arkansas, wurde kürzlich direkt vor dem Regierungssitz ein Monument aufgestellt, in das die biblischen Zehn Gebote eingraviert waren. Gedenktafeln dieser Art gibt es in vielen Städten der USA. Man wollte damit aufzeigen, wie wichtig die christlichen Werte für den Frieden und das Land seien. Es dauerte keine 24 Stunden, da hatte ein Gegner des Christentums die Steintafel mit seinem Auto gerammt und das Video auf Facebook veröffentlicht. Genau dasselbe war einige Jahre zuvor auf dem Boden des Regierungsgebäudes von Oklahoma passiert, wo eine gleichartige Gedenktafel von einem Auto niedergemäht und zerstört wurde. Das Unglaubliche: Es war derselbe Täter gewesen. Er gab an, dass er Satanist sei und der Teufel ihm den Auftrag gegeben hatte, die Tafel zu zerstören. In Oklahoma stellte man die 10 Gebote daraufhin an einem anderen Ort auf, in Arkansas errichtete man sie am selben Ort neu. Ungefähr ein Jahr später griffen Mitglieder des „Satanic Temple" zu einem anderen Mittel, um ihren Unmut zu demonstrieren. Unter dem Jubel von Satansanbetern stellten sie ihre eigene Statue auf, mit der sie gegen das Monument der Zehn Gebote protestieren wollten: eine fast 3 Meter hohe Bronzestatue in Gestalt eines Baphomet. Diese Figur mit einem gehörnten Ziegenkopf und Ziegenfüßen, weiblichen Brüsten, Flügeln und einem Pentagramm auf der Stirn ist ohne Zweifel ein Symbol des Teufels. In der satanischen Bibel von Anton LaVey stellt diese Figur eine Abbildung Satans dar. Genau dieselbe provokative Figur hatten sie schon in Oklahoma eingesetzt, um gegen die christlichen Zehn Gebote zu protestieren. Die Satanisten pochten darauf, dass sie ein Recht auf die Darstellung ihrer religiösen Symbole hätten, da laut Verfassung keine „Religion" bevorzugt werden dürfe. Sie forderten Gleichberechtigung für die „Religion" der Satansanhänger und bereiteten einen Anklage wegen religiöser Diskriminierung vor. Die Regierungsvertreter knickten ein und entfernten die Tafel mit den 10 Geboten, da sie auf öffentlichem Grund und Boden aufgestellt war. (Quelle: *Independent* / Wikipedia / gapi)

Regierungsgebäude des US-Bundesstaates Arkansas

Repressalien gegen Christen im Iran

Im Iran leben bei einer Gesamtbevölkerung von 82 Millionen laut staatlicher Statistik knapp 120.000 Christen, deren Zahl stetig zunimmt. Jedoch werden diese zunehmenden Repressalien ausgesetzt und rechtlich massiv benachteiligt, sodass viele ihren Glauben geheim halten. Die tatsächliche Zahl an Christen entspricht deshalb wahrscheinlich eher rund einer halben Million. Die Regierung geht vor allen Dingen gegen Konvertiten aus dem Islam vor. Bei einer kürzlich von iranischen Mullahs gestarteten aggressiven Kampagne gegen sogenannte Regimegegner stehen die Christen ganz oben auf der Liste. Sie werden als „Einfallstor des Westens" verteufelt, obwohl es die Christen in dieser Region bereits seit der Antike gibt und sie bereits vor Ankunft des Islam im Land verbreitet waren (siehe Bildunterschrift). Nichtsdes-toweniger wird die Verbreitung des Christentums als „Propaganda gegen die Islamische Republik" gesehen und mit Gefängnis bestraft. Gottesdienstbesucher werden verhaftet, Hauskirchen durchsucht, Bibeln und andere religiöse Literatur beschlagnahmt. In den vom Regime kontrollierten Medien wird antichristliche Propaganda verbreitet. Missionieren kann sogar mit dem Tode bestraft werden. Zwar setzt sich die iranische Verfassung rein theoretisch für Religionsfreiheit ein, jedoch sind Personen, die sich vom Islam abgewendet haben, davon ausgeschlossen. Diese können hingerichtet werden, denn auf Blasphemie und Glaubensabfall steht im Iran nach wie vor die Todesstrafe. (Quelle: epochtimes / Wikipedia / gapi)

Die sogenannte Schwarze Kirche im Iran. Laut armenischer Tradition ist dies die erste christliche Kirche weltweit, die im Jahr 66 n. Chr. von Judas Thaddäus gegründet wurde, der später den Märtyrertod starb.

Wirkung klassische Musik

Immer wieder zeigen wissenschaftliche Untersuchungen die positiven Auswirkungen klassischer Musik auf den Menschen, im Gegensatz zu der Wirkung von beispielsweise Punk, Rock etc. Auch moderne Entspannungsmusik wie „Trance" oder die postmoderne „Minimal Music" können mit den positiven Effekten von Klassik nicht mithalten. Wissenschaftler gehen sogar so weit, dass diese Art von Musik Menschen intelligenter macht und ihr Wohlbefinden verbessert. Bereits 1995 hatte man dies bei einem Test herausgefunden, als Schüler bei IQ-Tests, die auf die räumliche Vorstellungskraft bezogen waren, besser abschnitten. Sie erzielten acht bis neun Punkte mehr in diesem Testbereich, wenn sie gleichzeitig Mozart hörten. Die Vergleichsgruppen, die Entspannungsmusik oder gar keine Musik gehört hatten, erzielten keine höheren Ergebnisse. Bei einer Testung über mehrere Tage stellte man dann eine dramatische Steigerung in der Mozartgruppe fest: 62% Verbesserung, gegenüber nur 14% für die Gruppe, die gar nichts gehört hatte, und 11% für die Gruppe, die andere Arten von Musik hörte. Bis heute wird dieses „Mozart-Effekt" genannte Phänomen immer weiter getestet, mit gleichen Ergebnissen. Es wird empfohlen, dass schwangere Frauen öfter klassische Konzerte besuchen sollten und ihren Kindern entsprechende Musik vorspielen sollten. Auf andere Musikarten oder Musikvideos sollte verzichtet werden.

(Quelle: epochtimes / gapi)

Religiös legitimierter Drogenkonsum?

Was bedeutet es eigentlich, wenn man davon spricht, dass niemand aus religiösen Gründen diskriminiert werden darf? Was ist Religionsfreiheit? Was schließt diese ein? Auch das Praktizieren von Dingen, die gesellschaftlich geächtet oder illegal sind? Oder sogar Gewalt gegen Andersgläubige? Ein schon etliche Jahre zurückliegender Fall aus den USA beleuchtet einen Aspekt dieser wichtigen Frage.

Die Kirche der eingeborenen Indianer in den USA, The Native American Church, hat ihre ganz eigenen religiösen Rituale. Teil der alten Bräuche und Zeremonien ist es, eine bestimmte Droge zu konsumieren, ein Meskalin-haltiges, Halluzinationen erzeugendes Alkaloid mit einer Wirkung ähnlich der von LSD. Die Droge wird aus einer Kakteenart namens Peyote gewonnen (siehe Bild). In rund der Hälfte der US-Staaten wurden diese Gebräuche als religiöse Traditionen anerkannt und der Drogenkonsum als für Indianer legal eingestuft. Als ein Angehöriger dieser Indianerkirche, der aus beruflichen Gründen einen Vertrag unterschreiben musste, der ihm Alkohol und Drogen verbot, diese Droge in einer religiösen Zeremonie konsumierte, wurde er gefeuert und ihm das Arbeitslosengeld verweigert. Er lebte nämlich in einem Staat, der den indianischen Drogenkonsum nicht als legal anerkannte. Seine Berufung war zunächst erfolgreich und das Urteil wurde wieder aufgehoben, da man sich auf den ersten Zusatzartikel zur Verfassung berief, der die Religionsfreiheit garantiert. Der Oberste Gerichtshof entschied später je-

doch wieder gegen den gefeuerten Indianer und gegen den sakramentalen Gebrauch von illegalen Drogen. Es gab einen nationalen Aufschrei gegen diese angeblich katastrophale Entscheidung mit „verheerenden Folgen für die Rechte der freien Religionsausübung". Dieser alte Fall lässt einige Fragen im Kontext der religiösen Freiheit aufkommen und wirft ein Licht auf die Gefahr potentieller Fehlentscheidungen. Auf der einen Seite ist die Religionsfreiheit ein hoch zu schätzendes Gut, das mit allen Mitteln verteidigt werden sollte. Auf der anderen Seite darf die Religion nicht dazu missbraucht werden, dass eindeutig illegale oder nach allgemeinem Empfinden abzulehnende schädigende Verhaltensweisen legitimiert werden. Drogenkonsum ist auch im religiösen Kontext abzulehnen. Die entscheidende Frage ist: Wer entscheidet darüber, in welche Kategorie eine religiöse Überzeugung einzuordnen ist? Besteht nicht die Gefahr, dass ein absolut legitimes, biblisch begründetes Verhalten von den Machthabern, welche Gegner der entsprechenden Religion sind, juristisch verfolgt wird, weil sie als Grundlage ihrer Entscheidungen ihre eigene falsche Religion nehmen? Was geschieht, wenn Kirchen, die sich auf die Bibel berufen, von Andersgläubigen als Gesetzesbrecher denunziert werden? Genau dieses Vorgehen wird in der Bibel als ein Endzeitszenario dargestellt, in dem Gläubige aufgrund ihrer Bibeltreue verfolgt und bestraft werden. (Quelle: Wikipedia / gapi)

Bibelstream
MOTIVATION FÜR DEN TAG

LEBEN MIT GOTT   ZEITGESCHEHEN   LEBENSSTIL   GESUNDHEIT   KINDER   MUSIK   INTERVIEW

Bibelstream zeigt, dass die frohe Botschaft der Bibel praktisch ist, lebensnah, befreiend und heilsam für alle Fragen und Bereiche unseres Lebens.

Bibelstream ist eine Website mit ausgesuchten Video- und Audioaufnahmen.

www.BIBELSTREAM.org

Der Fall Babylons und die Rückkehr der gefangenen Juden

von Ellen G. White

Das Erscheinen der Armee des Cyrus vor den Mauern Babylons war für die Juden das Zeichen, dass die Befreiung aus ihrer Gefangenschaft unmittelbar bevorstand. Mehr als ein Jahrhundert vor der Geburt des Cyrus war er bereits namentlich von einem göttlich inspirierten Schreiber erwähnt worden. Dieser berichtete darüber, welche Rolle Cyrus tatsächlich spielen sollte, indem er die Stadt Babylon überraschend einnehmen und damit den Weg bereiten würde für die Freilassung der gefangenen Israeliten. Der Prophet Jesaja hatte folgendes verkündigt: „So spricht der HERR zu Kyrus, seinem Gesalbten, dessen rechte Hand ich ergriffen habe, um Völker vor ihm niederzuwerfen und die Lenden der Könige zu entgürten, um Türen vor ihm zu öffnen und Tore, damit sie nicht geschlossen bleiben: Ich selbst will vor dir herziehen und das Hügelige eben machen; ich will eherne Türen zerbrechen und eiserne Riegel zerschlagen; und ich will dir verborgene Schätze geben und versteckte Reichtümer, damit du erkennst, dass ich, der HERR, es bin, der dich bei deinem Namen gerufen hat, der Gott Israels."[1]

Die Armee des persischen Eroberers war völlig überraschend direkt ins Zentrum der babylonischen Hauptstadt vorgedrungen, indem sie durch das Flussbett, dessen Wasser sie zuvor umgeleitet hatten, und durch die inneren Tore eindrangen, welche man in leichtsinniger Sorglosigkeit unbewacht und offen stehen gelassen hatte. All diese Details lieferten den Juden reichlich Beweise für die wörtliche Erfüllung der Prophezeiung Jesajas über den plötzlichen Sturz ihrer Unterdrücker.

Dies hätte für sie ein unmissverständlicher Hinweis sein sollen, dass Gott die Angelegenheiten der Völker zu ihren Gunsten steuerte. Denn mit der Prophezeiung, die den Fall und die Art und Weise der Einnahme Babylons genau schilderte, war untrennbar folgende Aussage verknüpft: „Er [Kyrus] ist mein Hirte, und er wird all meinen Willen ausführen und zu Jerusalem sagen: Werde gebaut!, und zum Tempel: Werde gegründet! – Ich habe ihn erweckt in Gerechtigkeit und will alle seine Wege ebnen. Er wird meine Stadt bauen und meine Weggeführten loslassen, und zwar weder um Geld noch um Gaben, spricht der HERR der Heerscharen."[2]

Die Errettung Daniels aus der Löwengrube war von Gott benutzt worden, um das Denken von Cyrus dem Großen positiv zu beeindrucken ... Und genau zu dem Zeitpunkt, wo Gott gesagt hatte, dass er dafür sorgen würde, dass der Tempel in Jerusalem wieder aufgebaut werden würde, nahm er jetzt Einfluss auf seinen Erfüllungsgehilfen Cyrus, sodass dessen Augenmerk auf die ihn betreffenden Weissagungen gelenkt wurde ... und er für die Befreiung des jüdischen Volkes sorgte.

Als der König Cyrus die Worte las, die über ein Jahrhundert vor seiner Geburt genau vorhersagten, in welcher Weise Babylon eingenommen werden würde, und als er die Botschaften las, die von dem Herrscher des Universums direkt an ihn gerichtet waren, war er tief bewegt: „Ich bin der HERR und sonst ist keiner; denn außer mir gibt es keinen Gott. Ich habe dich gegürtet, ohne dass du mich kanntest, damit vom Aufgang der Sonne bis zu ihrem Niedergang erkannt werde, dass gar keiner ist außer mir. Ich bin der HERR, und sonst ist keiner, ... Um Jakobs, meines Knechtes, und Israels, meines Auserwählten willen habe ich dich bei deinem Namen gerufen; und ich habe dir einen Ehrennamen gegeben, ohne dass du mich kanntest ... Ich will alle seine Wege ebnen. Er wird meine Stadt bauen und meine Weggeführten loslassen, und zwar weder um Geld noch um Gaben, spricht der HERR der Heerscharen."[3] Cyrus war innerlich zutiefst bewegt und er beschloss, den ihm gegebenen göttlichen Auftrag zu erfüllen. Er würde den jüdischen Gefangenen die Freiheit schenken und ihnen helfen, den Tempel Jahwes wieder zu errichten.

In einer schriftlichen Bekanntmachung, die „in seinem gesamten Reich" verbreitet wurde, verkündete Cyrus seine Absicht, dafür zu sorgen, dass die Hebräer in ihre Heimat zurückkehren und ihren Tempel wieder aufbauen könnten. „Der HERR, der Gott des Himmels, hat mir alle Königreiche der Erde gegeben, und er selbst hat mir befohlen, ihm ein Haus zu bauen in Jerusalem, das in Juda ist. Wer irgend unter euch zu seinem Volk gehört, mit dem sei sein Gott, und er ziehe hinauf nach Jerusalem, das in Juda ist, und baue das Haus des HERRN, des Gottes Israels – Er ist Gott – in Jerusalem! Und jeder, der noch übrig geblieben ist an irgendeinem Ort, wo er sich als Fremdling aufhält, dem sollen die Leute seines Ortes helfen mit Silber und Gold, mit Gütern und Vieh sowie freiwilligen Gaben für das Haus Gottes in Jerusalem! ... Das Haus soll wieder aufgebaut werden als eine Stätte, wo man Opfer darbringt."[4] ... Überall unter den zerstreuten Juden löste dies große Freude aus ... Ihre Gebete waren endlich erhört worden.

Ellen G. White (1827-1915) ist eine der erfolgreichsten Autorinnen der Weltliteratur. Sie hat 40 Bücher und über 5000 Zeitschriftenartikel geschrieben. Viele glauben, die Amerikanerin hatte die Geistesgabe der Weissagung. Dieser Beitrag ist ihrem Werk Prophets and Kings entnommen.

[1] (Jesaja 45,1-3); [2] (Jesaja 44,28; 45,13); [3] (Jesaja 45,5.6.4.13); [4] (Esra 1,1-4; 6,4)

NEWSTART®–Kur für Diabetiker

Nutzen Sie die Chance, mit NEWSTART® Ihren Diabetes ohne Medikamente zu heilen!

Mit diesem **effektiven Diabetes-Lebensstil-Programm** können Sie Ihren natur-heilkundlichen Weg zur Wiederherstellung Ihrer Gesundheit finden! Die Zucker-krankheit ist kein Schicksal, das einfach von Ihnen hingenommen werden muss. Bereits viele Menschen haben mit der NEWSTART®-Kur für ihren Diabetes mellitus Typ II eine anhaltend gute Blutzuckereinstellung erfahren können - sogar unter Verzicht auf Medikamente!

Ein medizinisches Team aus Ärzten und Gesundheitsberatern, Physiotherapeuten und Masseuren hat Zeit für Sie und wird Sie während Ihres Aufenthaltes Schritt für Schritt persönlich begleiten. So erleben Sie ihren „Neu-Start" in ein gesundes Leben. Und: Die Furcht vor Spätschäden gehört der Vergangenheit an!

- Kompetente ärztliche Begleitung und individuelles Therapieprogramm
- Umfangreiches Labor und Belastungs-EKG
- Was tun bei Diabetes? Wie ist natürliche Heilung möglich?
- Gesunde Ernährung für Diabetiker – heilen mit pflanzlicher Vollwerternährung
- Erfolgreiche Strategien für Ihr persönliches Gewichtsmanagement – ohne Hunger-Diäten, teure Zusatzprodukte oder Operation
- Persönlicher Fitnessplan
- konkrete Unterstützung bei psychischen Belastungen
- Welche Bedeutung haben natürliche Heilmittel wie Zink, Zimt & Co?

Mehr Informationen unter **www.diearche.de**

NEWSTART®
Gesundheitszentrum

LEBENSSTIL-MEDIZIN &
NATÜRLICHE HEILMITTEL

DIE
NEWSTART®
KUR

Ärztlich geführte Kuren • Ruhige Natur-Lage • eigener BIO-Garten • Landhaus-Schwimmbad

Landhaus DIE ARCHE
www.DieArche.de

Lenzer Weg 1 • 17209 Zislow
info@DieArche.de • Tel. 039924/7000
EG-ÖKO-Kontrollnr.: DE-ÖKO-034

Foto: Shutterstock – Ljupco Smokovski

Schlaf dich gesund

Schlafen gehört zum Dasein eines Menschen so selbstverständlich dazu wie Essen und Trinken, Bewegung und alle die Fähigkeiten unserer Sinne, die wir besitzen: Sehen, Hören, Riechen, Berühren, Schmecken. Wir machen uns wenig Gedanken über den Schlaf, es sei denn, wir haben Schwierigkeiten, einzuschlafen oder durchzuschlafen. Aber Schlaf spielt für unsere Gesundheit eine wichtige Rolle.

Der Mensch im Wochenrhythmus

Die vom Menschen benutzten Zeiteinteilungen wie Jahr, Monat, Tag etc. sind alle auf die äußerlich erkennbaren Bewegungen der Himmelskörper wie Sonne, Erde und Mond zurückzuführen. Woher aber stammt die Einteilung der 7-Tage-Woche, die ebenfalls weltweiter Maßstab ist? Interessanterweise ist auch der Mensch rein biologisch einem 7-Tage-Rhythmus unterworfen und wird krank, wenn man diesen verändert.

Foto: Shutterstock – Africa Studio

Foto: Shutterstock – Inspired By Maps

Fehlende Zwischenformen – Beweis gegen Evolution

Eine der wichtigsten Behauptungen der Befürworter der Evolutionstheorie ist, dass der Fossilbericht den wahrscheinlich direktesten und umfassendsten Beweis für die Evolution biete. Angeblich gebe es Überreste von Organismen, die Übergangsphasen darstellen und diese Theorie belegen. Genaueres Hinschauen zeigt jedoch, dass gerade der Fossilbericht genau das Gegenteil eines Belegs für die Evolutionsthese ist.

Impressum
INFO VERO
ISBN: 978-3-943475-25-8

Herausgeber:
BASISTA Media GmbH

Erscheinungsweise:
2x im Jahr: März und September

Redaktionsadresse:
BASISTA Media GmbH
Seelhofenstraße 76
D-74395 Mundelsheim
www.basista-media.com
Telefon: +49 (0) 7143-81 30 30

Kontoverbindung:
BASISTA Media GmbH
IBAN: DE14 6025 0010 0015 1148 33
BIC: SOLADES1WBN
Kreissparkasse Waiblingen

Redaktion:
Gabriele Pietruska,
Chefredakteurin (v.i.S.d.P.)
editors@infovero.net

Layout und Produktion:
Ernesto Looser

Druck:
GGP Media GmbH

Titelfotos:
Titelfoto: Shutterstock_Gusak Olena;
Shutterstock_ndede; Shutterstock_Natali Zakharova
Kleine Titelfotos von l. n. r.: Shutterstock_MariskaVegter; Shutterstock_g215;
Shutterstock_Jukka Palm

BASISTA
Media